ビジネスで
使いこなす!
みるみる
成果があがる!

行動経済学大全

中川功一
著

ナツメ社

はじめに

人間は完璧ではありません。めんどうくさがり屋だし、気分屋だし、楽をしたいと思っているし、わかっていてもやめられないことがたくさんあります。

人間は誰もが自分だけの価値観を持っています。その価値観をもとに世の中を見たり、思い込んだり、信じ切ったりしています。

また、人間は他の人間との関係の中で暮らしています。見ず知らずの他人のために自分の利益にならないことをする場合もあれば、仲の良い友だちの評価を気にして背伸びすることもあります。

こんなふうに人間の心は絶えずユラユラと揺らいでいます。そして、**人間の経済行動（モノを買う／モノを売る／働く／貯蓄する／投資する など）もまた「人間の心の揺らぎ＝心理」の多大なる影響**を受けています。

であるにもかかわらず、伝統経済学では「心の揺るがない完璧な人間」というモデルを設定して、人間の経済活動を考えてきました。ところが実際の人間は、その完璧モデルをもとにいくら考えても説明のつかない非合理な行動ばかりとっているのです。『ドラえもん』のキャラクターでわかりやすく喩えるならば、何でもできちゃう出木杉くんをモデルに考えてみたけれど、のび太や、スネ夫や、ジャイアンや、しずかちゃんのとる行動は読めなかった――というわけです。

その行き詰まりを打開すべく20世紀後半に登場したのが、行動経済学でした。

行動経済学を端的に表現するならば、**「経済学＋心理学」**。

伝統経済学に心理学のエッセンスを加えて、それまで説明のつかなかった「生身の人間のとる経済行動」を解明しようとしたわけです。

行動経済学は現在も人々の大きな注目を浴びています。私も行動経済学という学問領域の持つ可能性に着目し、研究をしてきた一人です。

わかる、興味・関心を持つ、現場で使いこなせる

私は「やさしいビジネススクール」というオンラインスクールを主宰し、「中川先生のやさしいビジネス研究」というYouTube番組で経営学・経済学にまつわるさまざまな内容を配信しています。これらを通じて行動経済学に関する授業や発信を続ける

中で、

「行動経済学という学問の魅力が『ふむふむ、なるほど』『面白いねえ』の段階でとどまっていないか？　さらに踏み込んで『実際にどう使いこなすのか？』の段階まで落とし込んで伝えていくべきではないか？」

というモヤモヤを感じていたのです。ビジネスパーソンの受講者の方々からも「行動経済学を仕事の現場でもっと生かしていきたい」というリクエストをいただいていました。そこで今回、

1 重要用語を網羅し、行動経済学の全体像を伝える→行動経済学が「わかる」
2 実例や図解イラストをふんだんに盛り込む→行動経済学に「興味・関心を持つ」
3 ビジネスの現場での活用法まで提案する→行動経済学を「現場で使いこなせる」

という3本柱をコンセプトにした本を書くことにしたのです。

あなたのビジネスのあらゆる場面ですぐに活用できる構成

3つのコンセプトの中で私が特に重要視しているのは、3 **行動経済学を「現場で使**

いこなせる」です。

ビジネスパーソンを対象にした本書は、読者の方々から「読みました！　面白かったです」という感想のその先、つまり**「この本のおかげで成果が上がりました」という感想をいただく瞬間をイメージ**して作りました。製品サービスのデザイン、プロモーション、価格設定、顧客満足度の向上、営業・交渉テクニックの向上、チーム・組織作り、部下や同僚とのコミュニケーション、意思決定、リスク管理、キャリア開発、セルフマネジメント……あなたのビジネスのあらゆる場面ですぐに活用できる構成となっています。

本書を手に取ってくださった皆様が、行動経済学をビジネスの現場で「使いこなして」くださることを心から願っています。

やさしいビジネススクール　学長
中川功一

行動経済学はいつ頃から注目されているの？

行動経済学は英語で「Behavioral Economics」と書きます。**経済学に心理学を組み合わせて人々の経済行動を読み解く学問**のことを指しています。別名「経済心理学」とも呼ばれています。

プリンストン大学の認知心理学者ダニエル・カーネマン教授（プロスペクト理論〔P78参照〕、ヒューリスティック〔P26参照〕、ピーク・エンドの法則〔P96参照〕などを提唱）とスタンフォード大学の心理学者エイモス・トベルスキー教授（カーネマン氏の共同研究者）の2人の研究者が創始者であると言われています。

1990年代から研究が盛んになりましたが、ダニエル・カーネマン氏がエイモス・トベルスキー氏と共同で発表した「プロスペクト理論」によって「心理学的研究から経済学、特に人間の判断と不確実性の下での意思決定に関する洞察を統合した」として**2002年にノーベル経済学賞を受賞したことで、世界的な注目**を浴びるようになりました（このときエイモス・トベルスキー氏はすでに亡くなっていました）。

2017年にもシカゴ大学経営大学院の行動経済学者リチャード・セイラー教授が「ナッジ〔P30参照〕」によりノーベル経済学賞を受賞し、現在に至るまで行動経済学への注目が続いています。

余談ですが、セイラー教授は日本の詩人・相田みつをさんのファンで、「にんげんだもの」という詩がご自身の人生哲学となっているそうです。

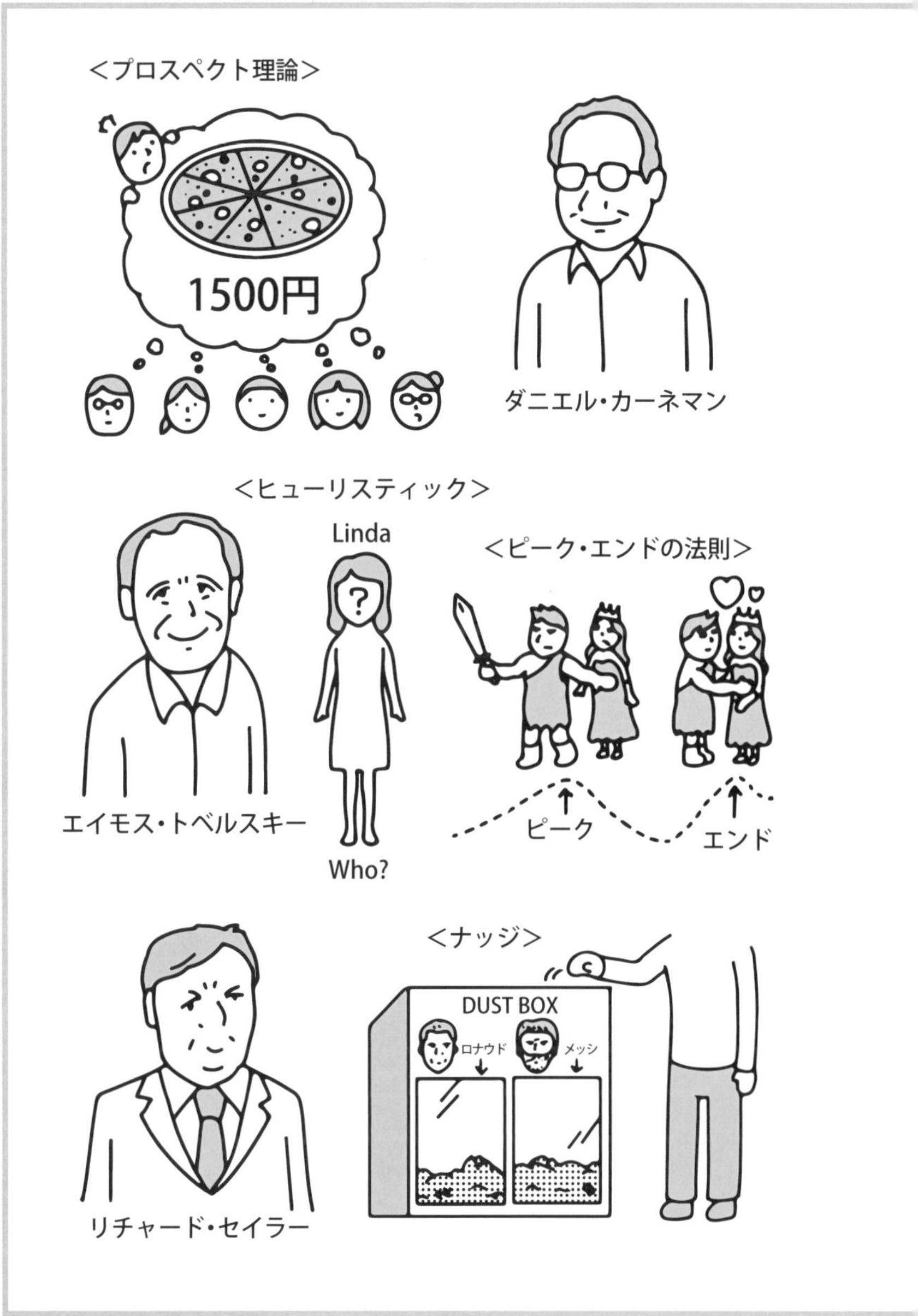

＜プロスペクト理論＞
1500円
ダニエル・カーネマン
＜ヒューリスティック＞
Linda
Who?
エイモス・トベルスキー
＜ピーク・エンドの法則＞
ピーク
エンド
＜ナッジ＞
DUST BOX
ロナウド
メッシ
リチャード・セイラー

行動経済学って簡単に説明するとどんな学問？

行動経済学は主流派経済学に対する批判的な研究として生まれました。伝統的な経済学では「人間は合理的な意思決定を行う経済人である」（＝「ホモ・エコノミクス」［P22参照］）という前提のもと、人々の経済行動を測ろうと考えました。**それに対して行動経済学では、その前提を否定し、「人間は非合理的だ」という前提を置きました。**「コイン投げをして、5回連続表だった。次に表が出る確率は何％？」と聞くと、「そんなの次も50％に決まってるじゃん！」と即決できるのがホモ・エコノミクスとすれば、「さすがに6回目は裏が出るんじゃないか……？」と考え込んでしまう（ギャンブラーの誤謬《ごびゅう》［P170参照］）のがホモ・サピエンスだと考えたわけです。

では、そのような行動経済学に基づく知見は、どのような場面で生かされるのでしょうか？

それは人間が「速い思考」をしているときです。**「私たち人間には『速い思考』と『遅い思考』の2つの思考プロセスがある」**（二重過程理論［P24参照］）――前出の認知心理学者ダニエル・カーネマン教授は著書『ファスト＆スロー』の中でこのように提唱しました。「速い思考」とは、日常の何気ない問題を素早く解くために使う思考プロセス。「遅い思考」とは、重要かつ難しい問題を、じっくり時間をかけて解くために使う思考プロセス。人間が「速い思考」をしているときこそ行動経済学の出番だと言うのです。

＜ホモ・エコノミクス＞
全知全能
＜ホモ・サピエンス＞
行動経済学
人間だもの
＜二重過程理論＞
遅い思考
速い思考
＜ギャンブラーの誤謬＞
100
1回目
2回目
3回目
4回目
5回目
?
6回目

行動経済学を学ぶと
ビジネスで何の役に立つの?

では、なぜ人が「速い思考」をしているときこそが行動経済学の出番なのでしょうか?

それは人が「チャチャッと素早く決めちゃおう」と思っているときほど、非合理な選択をする確率が劇的に上がるからです。

アメリカの名門大学生を対象にした実験で、「バットとボールは合わせて1ドル10セントです。バットはボールより1ドル高いです。ではボールはいくらでしょう?」と質問して「速い思考」で回答してもらったところ、実に50%以上が「10セント」と間違って答えたそうです(10セントだと思ってしまった方は、「遅い思考」で計算し直してみてください)。

ビジネスパーソンが行動経済学を学ぶ意味は、人間への理解、つまり**「人間は時に非合理な決断をする愛すべき生き物だ」と再認識する**ことにあります。

カロリー過多とわかっちゃいるけど、スイーツをお腹いっぱい食べてみたくなるのも人間。みんなが持っていたら、ついつい欲しくなってしまうのも人間。遠くの国の見知らぬ誰かを想って、寄付をしようとするのも人間。毎日気持ち良く挨拶されたら、その人を嫌いになれないのも人間。そういった人間心理を理解した上で物事を考えれば、**人が心から喜べるビジネスモデルや製品サービス**を思いつくことができたり、**多くの人々が心地良く過ごせる制度や環境**を構築したりできるのではないでしょうか?

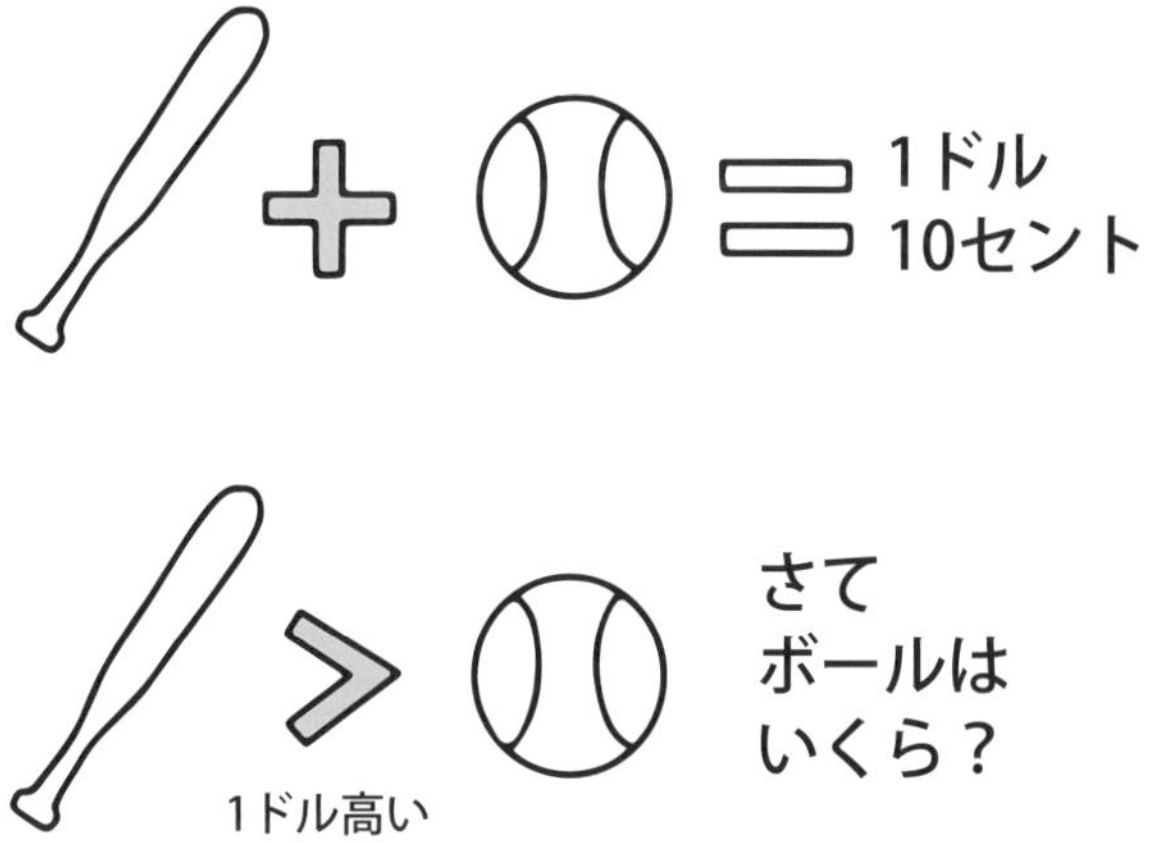
1ドル
10セント
1ドル高い
さて
ボールは
いくら？

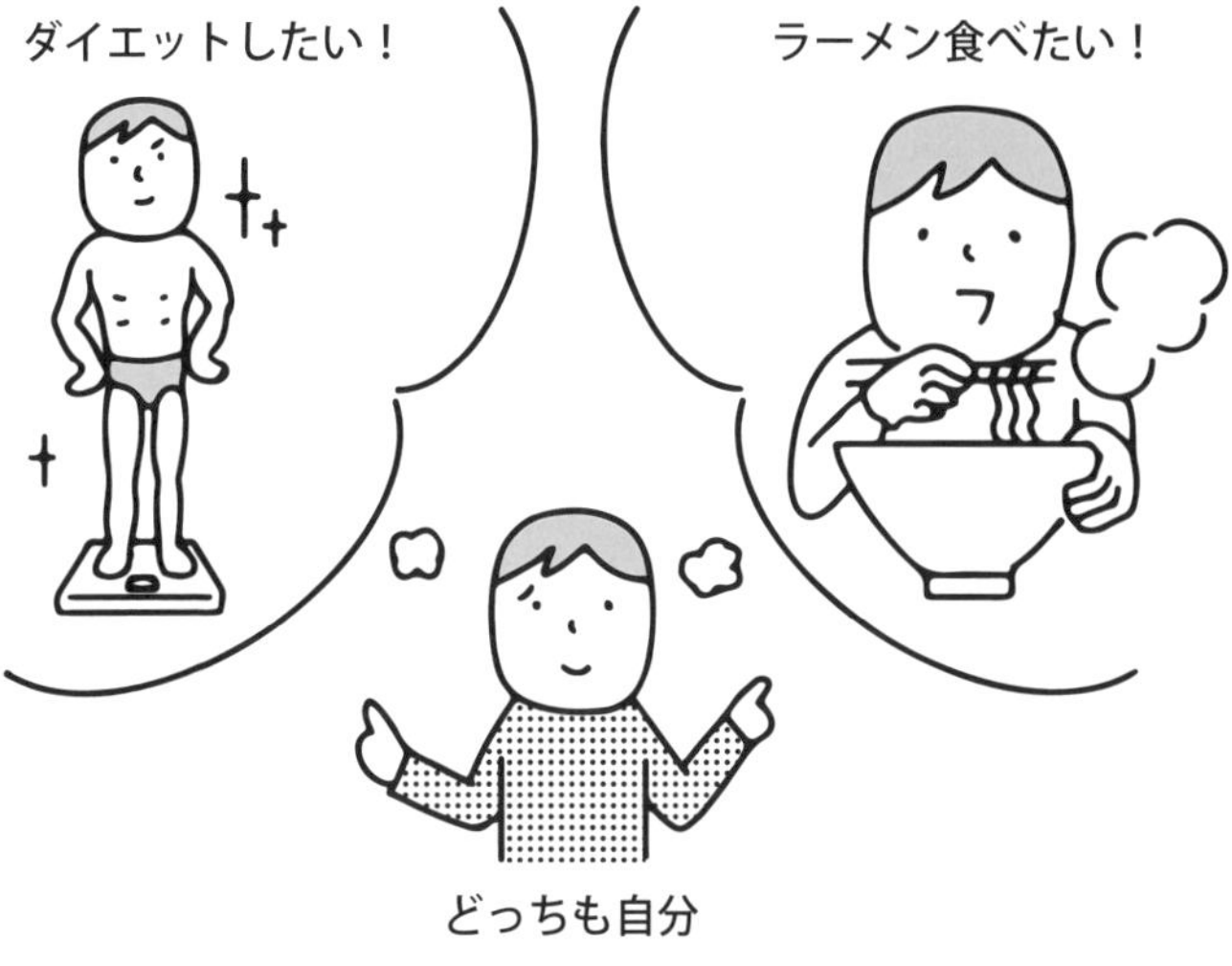
ダイエットしたい！
ラーメン食べたい！
どっちも自分

本書では、「経世済民」の考えに基づいて用語を選び、使い方を提案！

「経済」は「経世済民《けいせいさいみん》」という四字熟語を略したものです。諸説あるようですが、中国が「隋」と呼ばれていた時代の王通『文中子』の礼楽篇に「皆有経済之道、謂経世済民」とあり、ここが出典ではないかと言われています。「経世済民」は**「世を経《おさ》め、民の苦しみを済《すく》うこと」**という意味で、政治、統治、行政全般を指し示す言葉でした。現在、私たちが思い浮かべる「経済」は、お金にまつわる活動というイメージですよね？　そうではなく、もともとは「人々の苦しみを救い、より幸福度の高い社会を実現する」という、**倫理観を伴い、かつ使命感が込められた言葉**だったわけです。

行動経済学は伝統経済学と比較すれば新しい学問であり、「ここまでが行動経済学、ここから先は行動経済学じゃない」といった明確な線引きは存在していません。ですから、扱う人次第で「どうにも線引き出来てしまう」という曖昧さ・危うさを秘めています。

そこで本書では「経世済民」の考えを拠り所とし、**「人々を幸せにするために知っておきたい用語」**を選びました。中には「これは心理学用語では？」「かなり経営学寄りでは？」といった用語も含まれていますが、その点はご了承ください。また、各用語の活用法に関しても**「どうすれば世の中を楽しい方向・良い方向へ導けるか？」という観点で提案**しています。

本書が、これからの時代の「経世済民」の一助になることを願っています。

4
よく生きる
3
組織と
人間関係
2
マーケ
ティング
1
基礎

第3章 組織と人間関係のための行動経済学

〈よい人間関係とコミュニケーション〉

〈チーム作り・組織マネジメント〉

第4章 あなたがよく生きるための行動経済学

〈スキルアップとキャリア開発〉

第 1 章

行動経済学の基礎

「行動経済学とは何か?」を理解する上で
まず押さえておきたい7つの重要用語について
解説していきます。

ホモ・エコノミクス

homo economics

全知全能の“経済人”と リアルな“人”の行動は違う

ホモ・エコノミクス

これが
もっとも
お得だ

サイズ	価格	1ml あたりの価格
ショート 240ml	374 円	1.55 円 /ml
トール 350ml	418 円	1.19 円 /ml
グランデ 470ml	462 円	0.98 円 /ml
ベンティ 590ml	506 円	0.85 円 /ml

今日は
なんとなく
ショート
かなあ

ホモ・サピエンス

ほとんどの場合、
人は「合理性」よりも「気分」で動く。
「気分」をマネジメントできれば、
消費者を誘導できる。

ホモ・サピエンスは「そのときの気分」で選ぶ

「ホモ・エコノミクス」という言葉は、伝統経済学の中で使われてきた用語です。伝統経済学では、人間は「全知全能で、合理的で、利己的である」という「ホモ・エコノミクス＝経済人」を仮定し、この人間像に基づいた数学モデルで解析しようと考えました。ところが、「ホモ・サピエンスはホモ・エコノミクスと違う行動をするんじゃないか？」という疑いが出てきたのです。

人気コーヒーチェーンでコーヒーを買う場合を例に考えてみます。P22の図の価格設定の場合、全知全能で、合理的で、利己的な架空の「ホモ・エコノミクス」であれば、1mlあたりの価格を瞬時に計算し、最もお得なのはベンティであると判断し、迷いなくベンティを注文するでしょう。

ところが、実在の「ホモ・サピエンス」は違います。どのサイズがお得かなんてまったく気にしません。

「今の気分はショートかな？」と思ったら、たとえ高いとわかっていてもショートを選びます。つまり、**「人間の判断は決して合理的ではない」**ということなのです。

お客様の「気分」を誘導できているか？

私たちには感情があります。それらを織り込んでいない伝統経済学に限界が生じ、「ホモ・エコノミクスの大前提を外して、リアルな人間の心理・行動に基づき、実際の経済活動を科学しよう」と行動経済学が誕生したわけです。

さて、人が「気分」で選んでいるのだとすれば、商品やサービスを提供する側は気分を**マネジメントできれば、消費者を誘導できる**ことになります。カフェであれば、素敵なムード、コーヒーの香り、小粋な音楽などが、人を心地良く誘導する要素です。あなたの関わるビジネスでは、お客様の「気分」を誘導できていますか？

二重過程理論

Dual process theory

人は、経験や直感に従う「速い思考」で判断を誤る

ほんとですね！
そう
ですね！
いい
ですね
あーでもない
こーでもない
いやそうじゃないか…
うーん

＜速い思考＞
行動経済学が
対象とするのはコッチ！

＜遅い思考＞
時間はかかるが
正解率は高い！

重要な判断では、
「遅い思考」を用いよう。
そうすれば行動の
“正解率”を高められる。

人は「速い思考」と「遅い思考」を使い分けている

2002年にノーベル経済学賞を受賞した認知心理学者のダニエル・カーネマン氏は、著書『ファスト&スロー』の中で、私たち人間には「速い思考」と「遅い思考」の2つの思考プロセスがあると述べています。

「速い思考」とは、日常の何気ない問題を素早く解くために使う思考プロセスです。一方、「遅い思考」とは、重要かつ難しい問題を、じっくり時間をかけて解くために使う思考プロセスのことです。

私たち人間は、問題の性質や与えられた条件によって、この2つの思考プロセスを使い分けています。これを**「二重過程理論」**と呼びます。

行動経済学が主な対象とするのは、私たちが「速い思考」を用いているときです。「速い思考」の際、私たちは深く思考せず、自分の経験則や直感に従って意思決定をしています。そういった瞬間にこそ、私たちは合理性から外れた行動をとることになるからです。

「遅い思考」ができる環境を用意する

では、この事実を、私たちはビジネスの場でどのように活かしていけば良いのでしょうか？「遅い思考」を用いると行動の〝正解率〟を高められることがさまざまな実証結果で明らかになっていますから、「遅い思考」へと誘うことが1つのポイントとなります。

まず、「判断する側」に立つ場合から。急いで判断しなければいけないとき、あなたは判断を間違える可能性が高まります。お客様との商談で何らかの判断をしなければならないときは、**「想定問答をしておく」（事前準備）、「その場で判断せず、いったん持ち帰る」（思考時間の確保）などで対処**すると良いでしょう。

次に、「判断をしてもらう側」に立つ場合。例えば、「大切なお客様に最良の判断をしてもらいたい」と願うのであれば、**「事前に判断材料を提示し、その場で決断を迫るのではなく、じっくり考えてもらい、結論を出してもらう」**といった方法があるでしょう。

ヒューリスティック

Heuristic

人間は早合点しがちな生き物である

リンダ問題

Q
●31歳で独身のリンダは、率直な物言いをする人で、非常に聡明な女性である
●大学では哲学を専攻していた
●学生時代には差別や社会正義などの問題に深く関心を持ち、反核デモにも参加した経験がある

A
①リンダは銀行の出納係である
②リンダは銀行の出納係で、フェミニスト運動の活動家である

判断する直前に一息入れて「何か早合点をしていないか?」と自問してみよう。そのチェックタイムが誤りを防ぐ。

「速さ」を求めるあまり「正しさ」が放棄される

02「二重過程理論」（P24参照）で「速い思考、遅い思考」について解説しましたが、人が「速い思考」の際に用いている固有の思考様式を「ヒューリスティック」と呼びます。「ヒューリスティック」は「認知的な近道」を意味する言葉です。「どのトマトを買うか？」「どの道で帰るか？」といった日々の判断に対して「遅い思考」を用いていたら、脳のリソースも、時間もなくなってしまいます。そこで、日常の意思決定を手早く行うために、**これまでの経験に即して楽をする思考法＝ヒューリスティック**を人類は育ててきました。「野獣を見たら音を立てずにその場を離れよう」といった野性的な直感に基づくヒューリスティックは、人類の生存確率を高め、繁栄する過程では必要不可欠なものでした。ただし、ヒューリスティックは「だいたい正しい答え」への近道ではあるものの、「必ず正解」になるわけではなく、ときに外してしまうことがあるのです。

リンダはフェミニストか？

例として挙げられるのが、「リンダ問題」と呼ばれる事例（P26の図参照）。この問題を投げかけられた人の多くが「②」を選んだのです。①は「銀行の出納係」であるのに対し、②は「銀行の出納係（①と同じ条件）」に「フェミニスト運動の活動家」という条件が加わります。「彼女についてもっともありそうな選択肢」を聞かれているのですから、条件の緩い①の方が「ありそう」ですよね？　ところが「差別や社会正義などの問題に深く関心を持ち、反核デモにも参加」という言葉からイメージを膨らませ、多くの人々は「フェミニスト運動の活動家に違いない」と早合点してしまうのです。

これはヒューリスティックの中でも**「代表性ヒューリスティック」（P168で後述）**と呼ばれています。重要な物事を判断する際は、判断する直前に一息入れて「何か早合点をしていないか？」と自問してみることをおすすめします。

認知バイアス

cognitive bias

「○○といえば××」を思い浮かべ、判断を誤る

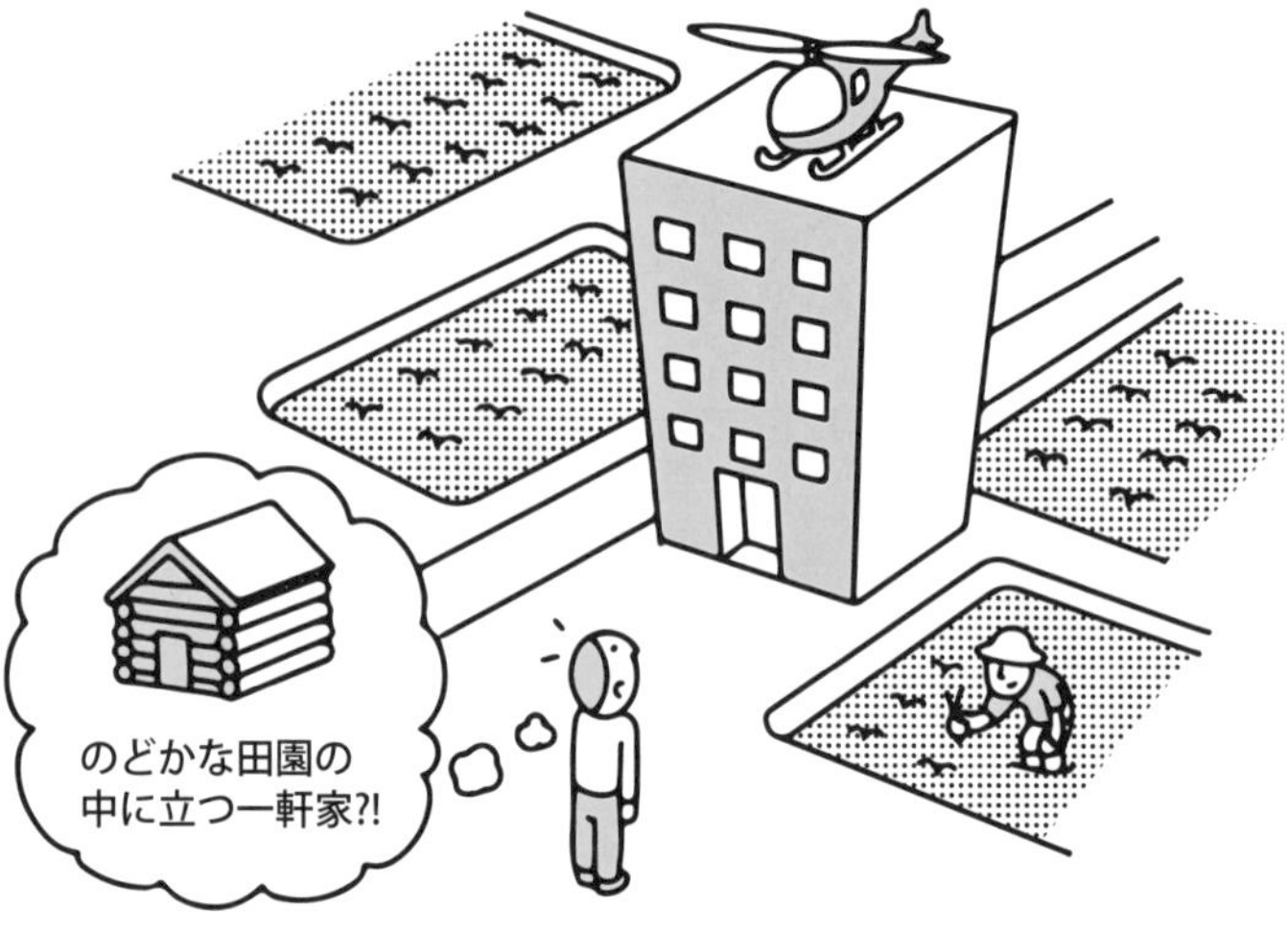

推理に基づく仮説なのか?
検証済みのファクト（事実）なのか?
と問う習慣をつければ、
成功の確度が高まる。

ITエンジニア？　コンサル？　正解は……

「ヒューリスティックがもたらす認知上の歪みのこと」を「認知バイアス」と呼びます。用語01〜03の関係を整理すると、「速い思考」の際に使うのが「ヒューリスティック」。そして「ヒューリスティック」を使うことで発生するのが「認知バイアス」というわけです。

私が講義などでよく使っている問題を挙げます。

「身長180cm台／体重60kg台のスリム体型／国立大工学部卒／年収数千万円／仕事仲間からの人望が厚い／小学生時代は空手で地区3位に／紅茶とバイオリンが趣味」

私は「この条件から、皆さんはどんな人物を思い浮かべましたか？」と聞くのです。どうですか？　大手町あたりで、スーツを着て働くITエンジニアやコンサルタントや銀行員を思い浮かべませんか？　正解はP36に掲載したので、あなたの予想と答え合わせしてみてください。これが私たちの抱く認知上の歪みや誤り、すなわちバイアスというものです。

普段から使っている推理を疑ってみる

人間は、これまでの経験から与えられた、少ない情報から推理をします。そのため典型的・代表的な事例に、私たちの思考は引っ張られがちです。これを**「代表性バイアス」**と呼びます。「のどかな田園の中に立つ一軒家」と聞くと、実際にそうであるとは限らないのに、広々とした木造の家を思い浮かべてしまうものなのです。

認知バイアスの罠に陥らないためには、私たちが普段から使っている推理を一度疑ってみる必要があります。**ビジネスの現場でも、「それは推理に基づく仮説なのか？　それとも検証済みのファクト（事実）なのか？」を常に問いましょう。**そして、推理に基づく仮説の段階なのであれば、ファクトに至るための証拠（データなど）を揃えましょう。そうすれば成功の確度が必然的に高まるはずです。

ナッジ

Nudge

ちょっとした「促し」で
人の行動は劇的に変わる

あなたのビジネスで、
人が自然と行動したくなる
（あるいはその逆）
デザインや仕掛けを考えてみよう。

母象が自分の鼻でやさしく子象を押すイメージ

「行動経済学の知見を利用して、人々を良い判断ができるように導いてあげましょう」という考え方のことを「ナッジ」と呼びます。「ナッジ」はNudge、つまり「小突いて促す、軽く促す」という意味の英語です。この言葉を象徴するイメージとして**「母象が自分の鼻で後ろからやさしく子象を押す」**という画が使われます。バスケットゴールのデザインのゴミ箱にしたり、「メッシとクリスティアーノ・ロナウド、あなたはどっちが好き?」という投票形式のゴミ箱にしたりすることで、人々は自然とゴミ箱にゴミを捨てたくなる。あるいは、階段の上の方の段に「ここまで登ると何キロカロリー」と書いてあれば、人は自然と階段を登りたくなる……といったケースは、「ナッジ」の代表例です。

人間のありとあらゆる行動促進・抑止策が「ナッジ」に該当してしまうことが行動経済学および「ナッジ」への過大評価につながっているのですが、行動経済学のバズワードとして大きな注目を浴びていることは紛れもない事実です。

ちょっとしたアイデアで、企業の現場が改善する

とある乳飲料メーカーでは、社員食堂の入口に無料のサラダバーを置きました。すると、社員がサラダを食べるようになり、「バランスのよい食生活で社員の健康度をアップする」という「ナッジ」に成功しました。

夜勤の発生する某企業では、「夜勤翌日の出勤は健康を害する恐れがあるので休んでもらいたい」と考えていました。そこで「夜勤翌日に休みたい人は書類を提出する」という規則を**「夜勤翌日に出勤したい人は書類を提出する」という規則に変更**し（「デフォルト効果」P104参照）、「書類申請が面倒だ」と感じる社員が増えた結果、夜勤翌日に休む人の割合が増えました。あなたのビジネスでも、人が自然と行動したくなる（あるいはその逆）のデザインや仕掛けを考えてみてください。

パーソナライゼーション

personalization

ビッグデータやAIの力で個別の「ナッジ」が可能に

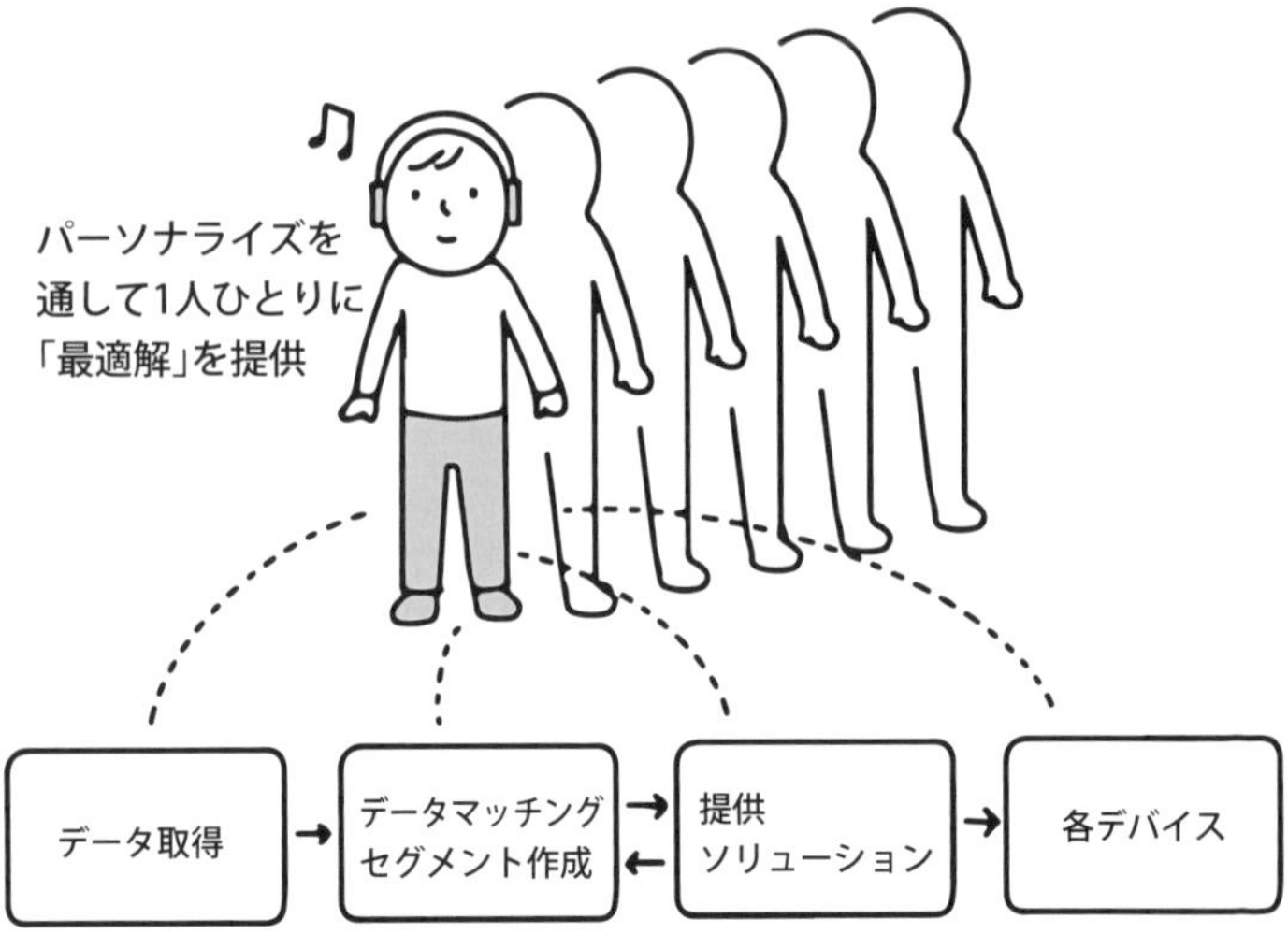

あなたのビジネスにおいても、
データの力を最大限に活用し、
1人ひとりの顧客に最適化した
「ナッジ」を検討しよう。

「あなただけ」のために「ナッジ」してくれる時代

「パーソナライゼーション」という用語自体は行動経済学用語ではありませんが、行動経済学や前出の05「ナッジ」（P30参照）をより深く理解する上で重要なので、関連用語として取り上げています。

「パーソナライゼーション」は、DX（デジタルトランスフォーメーション）やデータサイエンスの言葉です。今日ではビッグデータを用いて、1人ひとりに合った商品やサービスを提供できるようになっています。

典型例として挙げられるのは、**Netflix や Amazon プライムビデオなどの動画サイト、あるいは Instagram や Facebook などの SNS** です。

私たちの閲覧データや個人属性に沿って、最適化された情報が配信されます。例えば、SNS上にあなたの趣味に関連する動画が流れてきて、あなたが一度クリックして動画を楽しんだとしたならば、次回からはその履歴をもとに、あなたの興味・関心の高い動画が流れてくるようになるわけです。現代社会では、このような「ナッジ」の「パーソナライゼーション」が至るところで行われています。このような例は、身の回りの出来事からいくつも挙げられます。

昔は一律・一括の「ナッジ」しか出来なかった

これらの実例をもとに私が何を言いたいのかというと**「行動経済学とビッグデータやAIの相性は非常に良い」**ということです。かつてであれば一律・一括の「ナッジ」しか実現できませんでしたが、ビッグデータやAIのおかげで、パーソナルデータを用いることによって、1人ひとりに合わせた「ナッジ」が行えるようになったのです。

あなたのビジネスにおいても、データの力を最大限に活用し、顧客に対してパーソナライズされた「ナッジ」をしてみてはいかがでしょうか？　健康、お金、飲食、旅行、趣味、教育……あらゆる領域でさらなる可能性が期待できます。

リバタリアンパターナリズム

libertarian paternalism

「自由」と「介入」バランスの見極めが大切

「ナッジ」の“危険性”を自覚し、
受益者（影響を受ける側）と
「何が正しいのか?」を
よく議論しながら進めよう。

「自由」と「介入」 矛盾する組み合わせ

本章の最後に「リバタリアンパターナリズム」(自由主義的家父長介入主義)という用語を通じて、行動経済学の抱える現状の課題について触れておきます。

経済学や社会学では、社会に対する2通りの考え方があります。

1つは「リバタリアニズム」。日本語では「自由主義」と訳されます。1人ひとりの自由な意志こそ尊重されるべきだという、西洋の古典派経済学における代表的な考え方です。もう1つは「パターナリズム」。ワンパターンのパターンではなく「ペアレント(両親)」を語源とした言葉で「家父長介入主義」と訳されます。**「我が子を思う親心」の感覚で政府や企業が個人に介入すべきという考え方**です。

データを使って1人ひとりに最適化された「ナッジ」で人々を幸福にする――これは実は「ナッジ」の使い手、つまり政府や企業による「個人の自由意志への介入」でもあるわけで、本来は相反する「自由」と「介入」を組み合わせた不思議な用語「リバタリアンパターナリズム」という言葉で表現されています。

それは「ナッジ」か? それとも「洗脳」か?

そもそも「ナッジ」は、極論すれば「よかれと思って」という発信側の価値観を押しつける行為です。今日我々は、AIの介入によるナッジで幸福な社会を生きていますが、**果たしてそこにどれくらい自分たちの自由意志が残っているのか**が危ぶまれています。また、きわめて難しいのは**「どこまでが『ナッジ』で、どこからが『洗脳』なのか?」という線引き**です。こういったことから、「ナッジ」は倫理的な問題を孕んでいるのではないかという議論になっているのです。

皆さんがビジネスで「ナッジ」をする場合、洗脳の危険性を自覚し、受益者(影響を受ける側)と共に「何が正しいのか?」をよく議論した上で「ナッジ」をデザインする必要があると思います。

Column 01

行動経済学をさらに知るために この機会に紹介したい書籍

海外の書籍としては、2つあります。どちらもノーベル経済学賞を受賞した著者の書籍です。1つめはダニエル・カーネマン氏の『ファスト&スロー　あなたの意思はどのように決まるか？』（早川書房・上下巻）。「プロスペクト理論」（P78で後述）を始めとした人間のさまざまな経済的意思決定が紹介されており、行動経済学の記念碑的作品と言える1冊です。2つめは、リチャード・セイラー氏の『NUDGE 実践 行動経済学』（日経BP・2022年に最新の話題を盛り込んだ完全版が刊行）。セイラー氏はカーネマン氏の次の世代として行動経済学の概念をさらに広げた人物で、この本では「ナッジ」（P30参照）の概念や、行動経済学を具体的に社会でどう活かしていくべきかを検討・提唱しています。

日本の書籍でオススメしたいのは、那須耕介氏・橋本努氏の著書『ナッジ!? 自由でおせっかいなリバタリアンパターナリズム』（勁草書房）です。この本では「ナッジ」と「リバタリアンパターナリズム」（P34参照）の光と影を、分析的に取り上げています。

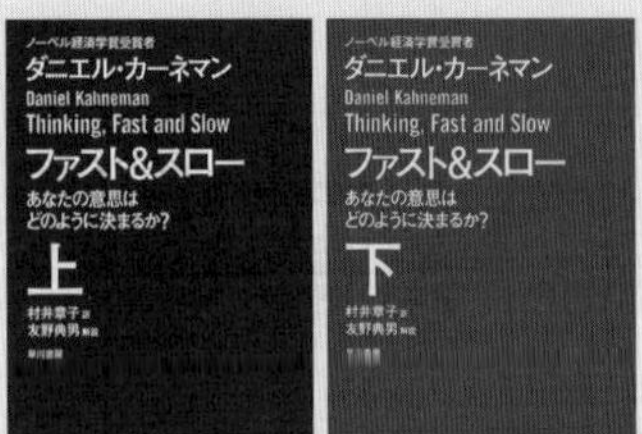

『ファスト&スロー』

『NUDGE』

『ナッジ!?』

第 2 章

マーケティングのための行動経済学

デザイン、プロモーション、プライシング、
顧客体験・顧客満足に関する
用語について解説していきます。

ソマティック・マーカー仮説

Somatic Marker Hypothesis

人は「情動（感覚）」で物事を判断している

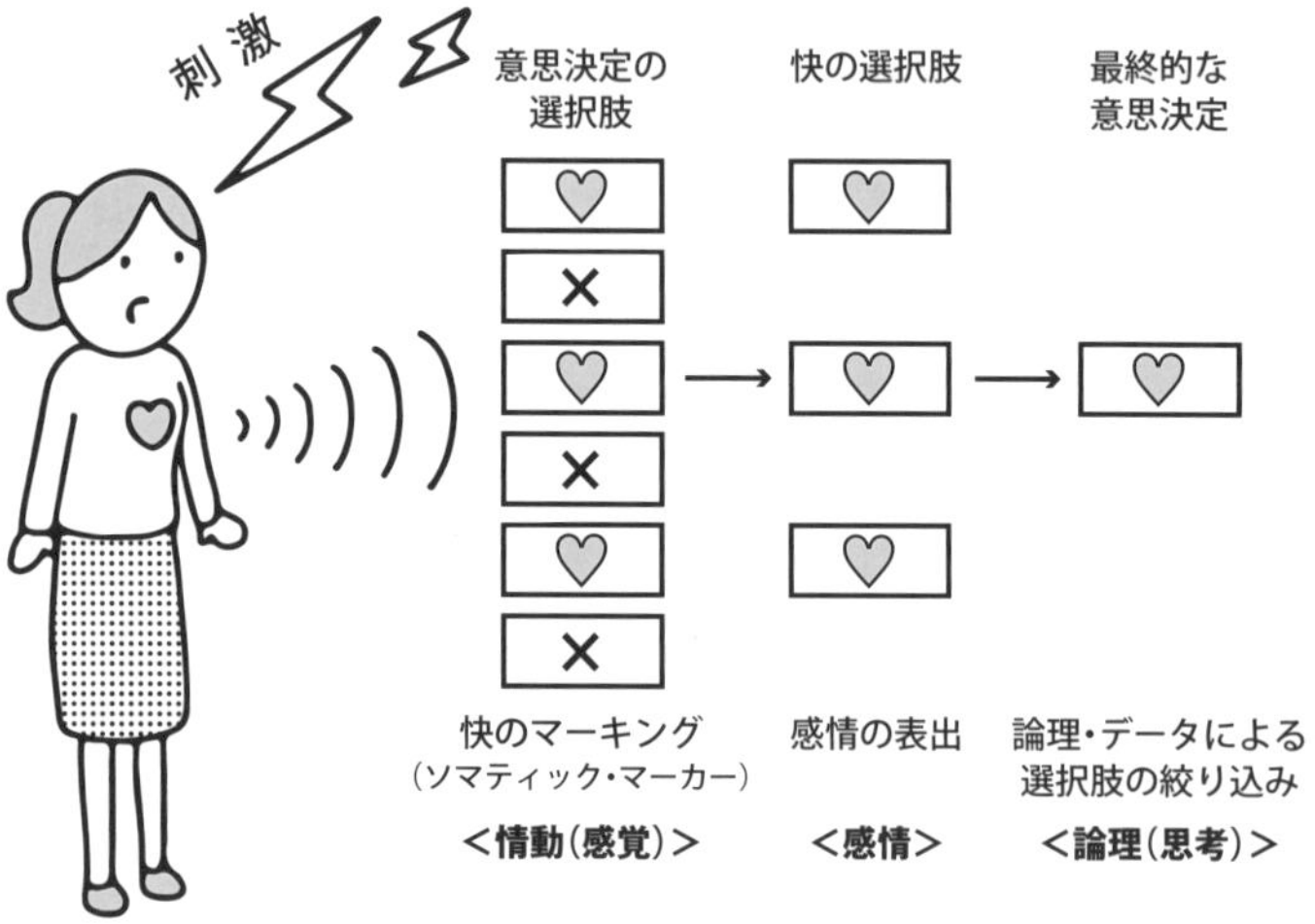

「論理」でも「感情」でもなく
「情動（感覚）」で
「アリだな」と思ってもらえるように
物事をデザインしよう。

「快・不快」のどちらかで、まず仕分けしている

「ソマティック・マーカー」とは「身体信号」という意味。「ソマティック・マーカー仮説」の主旨を端的に解説すると、「私たち人間は『論理』や『感情』ではなく、ほとんどのことを『情動(感覚)』で判断している」ということになります。

「情動(感覚)」とは、嬉しい、悲しいといった言語化できる「感情」以前にある、非言語的な「快・不快」です。私たちは普段の生活の中で、さまざまな情報に対して、非常に高度な脳の働きにより、瞬間的に同時にいろいろなものを判断して「(これは自分にとって快だから)アリ」「(これは自分にとって不快だから)ナシ」と無意識レベルで仕分けしています。その次の過程で喜怒哀楽の「感情」で処理され、最後に「なぜならば……」という理由を伴って「論理」づけされます。

つまり、**人間の意思は、理屈づけされるはるか前に、非言語化状態の時点で、すでに決定しているの**です。

「論理」からデザインするのをやめる

あなたも洋服を買うときなどは「情動(感覚)」で瞬間的に買う・買わないを判断していませんか? 自動車などの高額商品であっても、それ以前にその車を「なんとなくアリ」だと思っているはずです。

ところが、ほとんどの場合、「こういう機能を加えましょう」「こういうアプリを搭載しましょう」といった「論理」からデザインしてしまいがちです。良いサービス、良い機能をいくら盛り込んでも、お客様の「快」につながらなければ、売れる商品にはなりません。

そこで大切なのは、「なんとなくアリだな」と「情動(感覚)」で思ってもらえるように物事をデザインしていくことです。企業のロゴや製品のフォルムも、直感的に「気持ち良い」と思えるものを選ぶべきです。その大前提として、**作り手側・供給側のあなたが、直感的に「これは気持ち良い」と思えるかどうか、がとても重要な判断基準**になります。

ハロー効果

halo effect

目立った良い特徴1つで すべてが良く見える

製品やサービスに、
わかりやすい良さが1つあるか?
その有無で、お客様への届き方、
お客様からの評価が変わる。

他の特徴についての評価まで歪められる

前項の08「ソマティック・マーカー仮説」（P38参照）の中で「情動（感覚）のデザインが重要」という話をしましたが、情動（感覚）のデザインをする上でぜひ知っておいてもらいたいのが「ハロー効果」です。

「ハロー効果」とは、ある対象物を評価する際、何か1つでも目立つ特徴があると、それに引きずられて他の特徴についての評価までが歪められる現象のことです。**「ハロー（halo）」は中世絵画でイエス様やマリア様の後ろに描かれている後光のこと。**例えば有名大学卒業という〝後光〟が差していると、「あの人は仕事もできて、社交的で、おしゃれで……」と何でもポジティブに評価されます。逆も真なりで、例えば出世レースから外れたという〝逆後光〟が差していると、「あの人はやる気もないし、性格も暗いし、ファッションも今イチだし……」と何でもネガティブに評価されてしまう危険性があるわけです。

1つだけ明確なウリを持たせる

では、このハロー効果をどのように活用すべきなのか？ 製品やサービスを開発する際、**わかりやすい良さを1つ与えてあげる**のです。その良さが〝後光〟となり、製品やサービス全般に対する評価が高まります。既存の製品やサービスをアップデートする際も同じです。「今回の○○はココが違うんです」と1つだけ明確なウリを持たせます。そのウリにひもづけて、他の部分も前向き・肯定的に捉えてくれるはずです。逆に、わかりやすい欠点があると、すべてがネガティブに評価されてしまいます。新製品のスマホで「画面操作がしにくい」という大きな〝逆後光〟が差してしまったら、「安っぽい」「デザインがイケてない」といった低評価の連鎖反応が起きる可能性があります。

あなたの扱う製品やサービスは、わかりやすい良さが1つありますか？ その有無によって、お客様への届き方、お客様からの評価が変わってくるはずです。

MAYA理論

MAYA theory

「馴染みがあるのに新しい」が、大ヒットのカギ

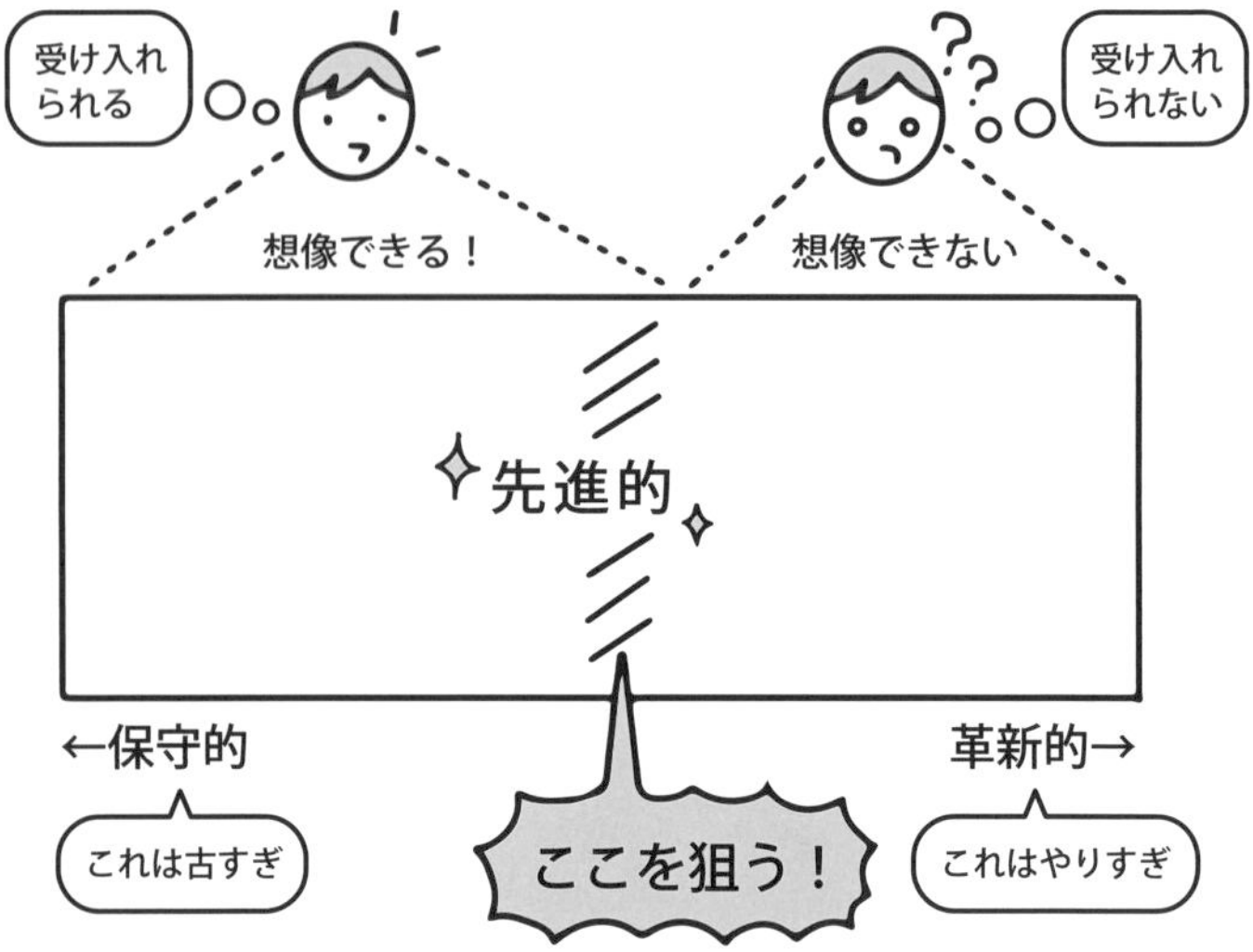

保守的も、ぶっ飛び過ぎもNG。
「先進的な領域の中で最も
革新寄りの位置にいけないか?」
を検討しよう。

人は「類似性」→「異質性」の順で理解する

「MAYA理論」は、第二次世界大戦後のアメリカで活躍した産業デザイナー、レイモンド・ローウィーが提唱しました。「Most Advanced Yet Acceptable」の頭文字を取ったもので、「先進的だけれど受け入れられるもの」という意味です。

この理論を敢えてわかりやすい言葉で表現すると「製品やサービスは〝ぶっ飛びすぎている（=革新的）〟のは良くない」ということです。19「単純接触効果」（P60で後述）とも関連してきますが、人には**「馴染みのあるものの方が好感を持ちやすい」という心理特性**があります。革新的な製品やサービスは、他の何にも似ていません。それらを目にしたとき、人はどう理解していいのかわからず、受け入れることができないのです。

そのため、P42の図にもあるように、革新的までは行き過ぎず、保守的になるのも避け、「先進的な領域の中で最も革新寄りの製品やサービスをつくる」――つまり、大ヒットさせるには受け入れやすさと新しさのバランスが重要なのです。

「お掃除」という馴染みの言葉で受け入れ可能に

MAYA理論の典型例として挙げられるのは、アイロボットの「ルンバ」。この商品は通称「お掃除ロボット」と呼ばれていますよね。部屋にロボットがいるという状況は、人々にとって革新的なので、なかなか受け入れられなかったかもしれません。でも、その前に**「お掃除」という言葉が1つついたことで、人々が「ああ、掃除機なんだね！」と受け入れてくれる**ようになりました。「ロボットが不在の間に勝手に掃除してくれるなんて最高だ！」という革新寄りの部分が評価され、世の中に浸透したのです。

製品やサービスの開発の際、製品やサービスのポジションを見直す際は、「先進的な領域の中で最も革新寄りの位置にいけないか？」を検討してみるべきです。

選択的知覚

selective perception

脳は「知っている・わかる」情報だけを選んで認識する

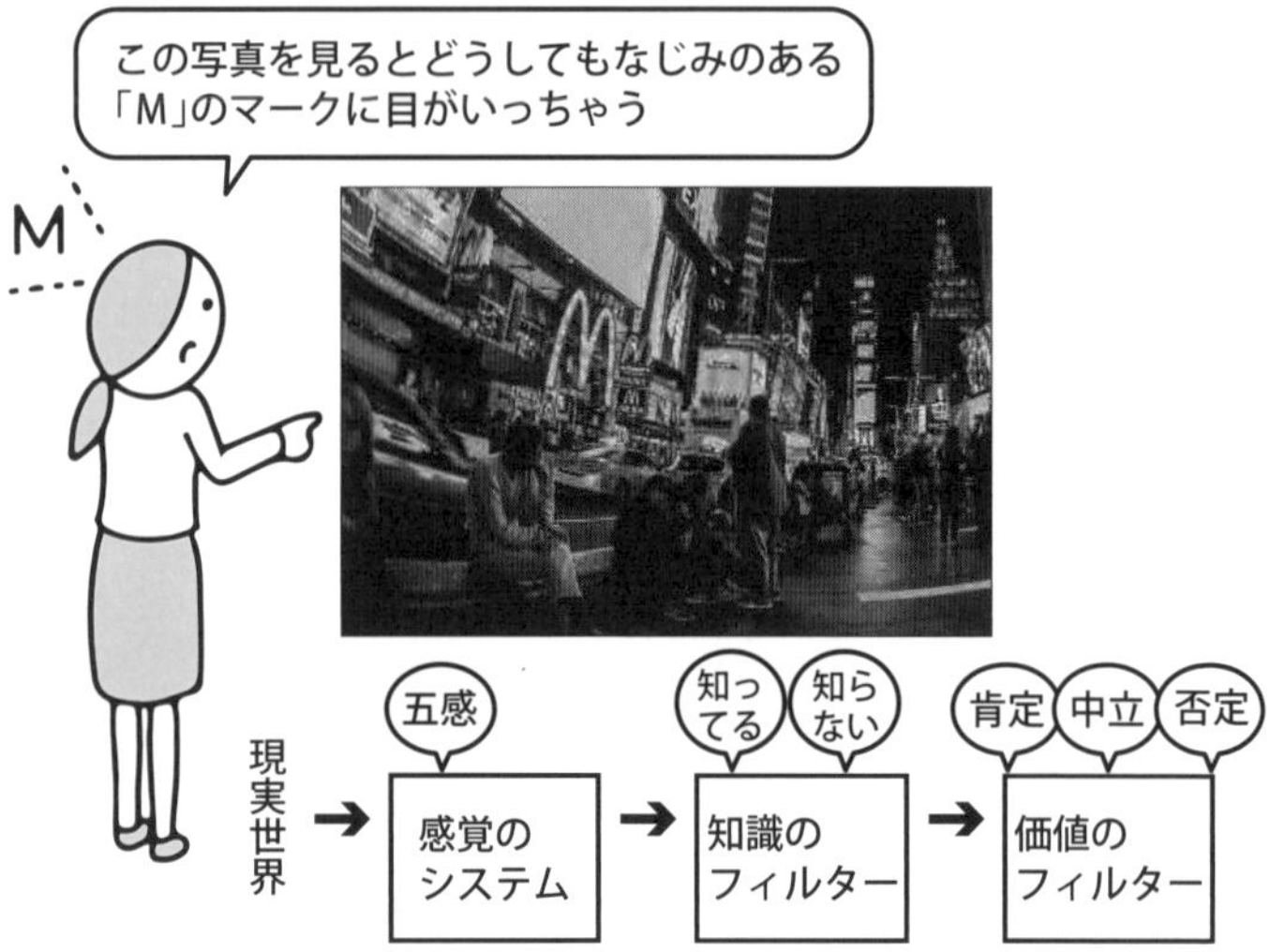

「既存の製品とはコンセプトや性能がまったく異なる新商品だ」と伝えたいときには、製品の見た目も変えてあげよう。

真っ先に目に飛び込んでくるのは……？

「選択的知覚」とは、多くの情報が与えられる中で、その人にとって重要度の高い情報が脳によって特異的に選択されて知覚されることです。

人間の周りには膨大な量の情報があふれています。すべての音や映像を平等に処理していると、脳は必要な情報を得ることができません。そのため、脳は必要な情報を自動的に選び取って認識しているのです。P44の写真を例に考えてみましょう。おそらく私たちの目に真っ先に飛び込んでくるのはマクドナルドのロゴではないでしょうか？　なぜなら私たちはマクドナルドを知っているからです。

人は、「感覚のシステム」（視覚、聴覚、嗅覚、味覚、触覚）を通してさまざまな情報を得た後、「知識のフィルター」（知っている・わかる／知らない・わからない）で仕分けし、さらに「価値のフィルター」（肯定的／中立的／否定的）で選別し、このプロセスを通過した情報だけを知覚します。**人に知覚してもらうには、「知っている・わかる」と感じてもらう必要がある**のです。

性能やコンセプトの変化を、見た目で伝える

ですから、私たちは新商品や新サービスを提案する際、「買いに来た人は、何を知覚できるのか？」を考えるべきです。例えば、「既存の製品とはコンセプトや性能がまったく異なる新商品である」と人々に伝えたいなら、製品の見た目も変えてあげるのです。コンセプトや性能は知覚されませんが、見た目は知覚されますから、今までのモノとはまったく違うということがまさに〝ひとめ〟でわかるわけです。ダイソンの掃除機などは、その典型です。今までに見たことのない形状だったので、初めて目にしたとき、私も非常に驚いた記憶があります。

あなたの扱っている製品やサービスは、お客様の「知っている・わかる」を意識して設計されているでしょうか？

メンタルモデル

mental model

「今どんな気分か?」で物事の捉え方は変わる

今日は
どうされ
ました？
ちょっとおなかが……
明るい雰囲気の
病院だと、
医師の話も
前向きに聞ける

「お客様がどんなメンタル状態で
商品やサービスに接しているか?」
を理解した上で、
物事のデザインをしよう。

ハワイ行きの飛行機でTシャツを購入する理由

P44の11「選択的知覚」の中で、人間は「知っている・わかる」ものしか知覚できないという話をしました。「メンタルモデル」はこれと関連の深い用語で、簡単に解説すると**「『その人が今どんな気分なのか？』が、人間の行動に大きな影響を及ぼす」**ということです。

例えば、久々のハワイへと向かう飛行機の中。機内誌をめくっていたらハワイテイストのTシャツが載っていたので機内販売で購入してしまった——。この場合、ウキウキした気分によって通常とは異なるフィルターが作動し、普段なら気にならないTシャツの掲載ページに目を留め、購入に至ったのです。ちなみに、お祭りで綿菓子を、映画館でポップコーンをついつい買ってしまうのも、ウキウキ気分によるものです。

ネガティブなメンタルではネガティブに捉える

逆の場合もしかりで、ネガティブなメンタル状態では、人はネガティブに物事を捉えようとします。突然の事故で通勤電車が止まり、長時間すし詰め状態にされている中、落ち着いた声で現状を知らせる車内アナウンスが流れてきたとしましょう。普段なら「良い声だな」と思えるのに、「みんな大変なのに、なんで1人だけ落ち着いているんだよ！」とイライラしてしまう……といったことが起こるわけです。

ですから、モノを売る側は**「自分たちの商品やサービスに触れる際、お客様はどういうメンタル状態でそれに接しているのか？」**を理解した上で物事のデザインをする必要があります。また、さらにその先を目指すなら、お客様が良いメンタルで自分たちの商品やサービスに触れられる工夫をすべきです。例えば、不安な気持ちで来院する病院であれば、明るい色の内装や開放的な待合室にしたり、医療スタッフが待合時間に会話したりすれば、来院者のメンタルがポジティブに改善されて、お医者さんの話を前向きに聞いてくれる可能性が高まります。

マジカルナンバー

Magical number

「3つまで」に絞れば、誰でも覚えてくれる

「商品の7大特長」などと
たくさんの訴求ポイントを
うたっている商品やサービスは、
「3つまで」に絞り直してみよう。

人間の短期記憶に快適に収められる個数

「マジカルナンバー」とは、人間が短期記憶の中に保持できる情報要素の数のこと。わかりやすく言えば「○個までだったら、しばらくの間は覚えていられるよね」という「○」の部分を表す数のことです。

ジョージ・ミラー教授が１９５２年に発表した論文によれば、人間の短期記憶の容量は「7個前後（7±2個）」だったようです。これをもとに「マジカルナンバーセブン」という表現が用いられるようになりました。その後も研究が進められ、２００１年にネルソン・コーワン教授が発表した数値は「4個前後（4±1）」となりました。たしかに**「頑張れば7くらいまではいけるんだけど、通常私たちは4個前後で覚えているよね」**というわけです。「織田信長、豊臣秀吉、徳川家康」や「赤、青、黄色」は3、「東西南北」は4、「五大陸」や「五大湖」は5。これくらいが人間の短期記憶に快適に収められる限界のようです。

3個と4個では覚えやすさのレベルが変わる

これをビジネスに生かすポイントは**「商品のウリを挙げるなら3個までに絞る」**です。4±1は「人によっては5個まで覚えられるけれど、人によっては3個までしか覚えられない」ということを意味しています。であるならば、3個以内に絞れば、どんな人でも認知可能なのです。実際のところ、3個と4個では覚えやすさのレベルがだいぶ変わると思いませんか？　「東西南北」も縦軸と横軸の2軸が発生するので覚えやすくなっているのであって、パッと見で覚えられるのは3個までなのです。もしも「商品の7大特長」などとうたっているようなら、思い切って3つまでに絞り直してみましょう。

また、プレゼンテーションを行う際もまったく同様です。「このプロジェクトの要点は次の3つです」「これから3つの理由を述べていきます」といった感じで3つまでに抑えましょう。

シミュラクラ現象

simulacra phenomenon

3点の逆三角形の配置が「人の顔」に見えてしまう

成功例

開けたら笑顔に見える缶

失敗例

不気味に見えてしまう住宅

不快感をもたらす
「シミュラクラ現象」を避け、
快を与える「シミュラクラ現象」を
盛り込めないか考えてみよう。

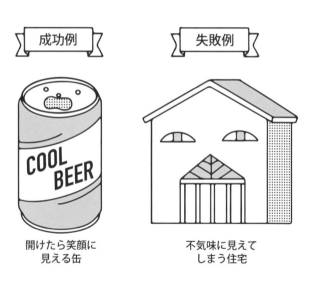

思わず「人間の顔」に見えてしまう錯覚や本能

用語8〜13で製品・サービスデザインに関する重要用語を取り上げてきましたが、ここでは閑話休題的な用語として「シミュラクラ現象」を取り上げます。

「シミュラクラ現象」とは、人は3つの点が逆三角形に配置されていると「人間の顔」に見えてしまうという錯覚や本能のことです。壁のシミやマンホールのフタを見て、「あ、人の顔だ!」と思った経験はありませんか? 日本語では「類像現象」と呼びます。

「シミュラクラ現象」は、「パレイドリア現象」の1つです。「パレイドリア現象」とは、本来は特別な意味を持たないものに意味を見出したように捉えることで、雲の形が人の顔やパンやライオンや龍に見える、カラスの鳴き声が「アホ」と言っているように聞こえる……などが該当します。人間は、目の前の事象を、自分にとって理解可能な形で解釈しようとする生き物なのです。

避けたいのは相手に不快感を与える「シミュラクラ」

「シミュラクラ現象」の典型例は、自動車です。2つのヘッドライトとバンパーの3点を〝顔〟と称したりしますが、〝顔〟は自動車そのものへの印象を大きく左右しています。まず避けたいのは、相手に不快感を与える「シミュラクラ現象」をひき起こしてしまうこと。**「窓とドアの配置により、怖い顔をしているように見える家」などは〝失敗例〟**です。

さらに考えるべきは、「シミュラクラ現象」を効果的に取り入れるアイデアです。**「プルトップを開けると、ニコニコ顔に見える缶」などは〝成功例〟**です。飲む前に缶の〝顔〟を見て楽しい気分になれますよね? あるいは「角度によって優しい人の表情に見える撮影スポット」などを作るのもオススメです。多くの人が写真を撮影に来て、SNSに投稿してくれるでしょう。あなたのビジネスでは「シミュラクラ現象」をどのように活用できるでしょうか? 検討してみてください。

AIDAモデル

AIDA model

モノを買うときと恋をするときは似ている

AIDAモデル

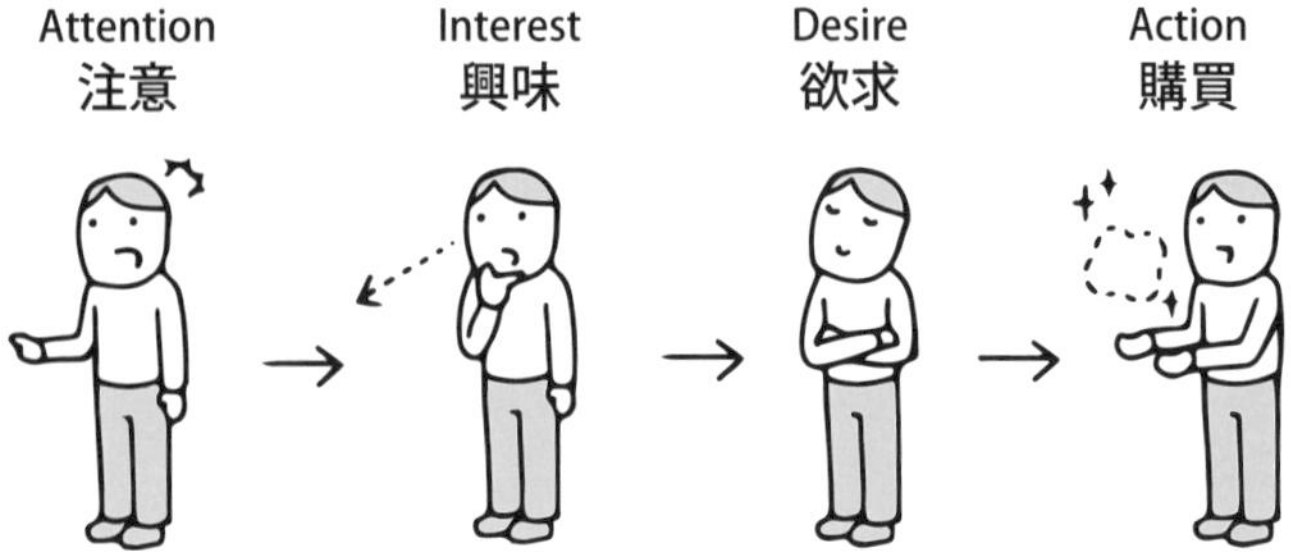

注意段階から購買段階までの
「AIDA」の
流れを作ることが、
マーケティングの基本となる。

消費者心理の基本モデルの1つ

「ＡＩＤＡモデル」は、消費者心理の基本モデルの1つです。消費者が商品を購入するプロセスは、恋愛に似ています。すなわち、「あの人が気になる＝Attention（注意）」「あの人を知りたい＝Interest（興味）」「あの人と付き合いたい＝Desire（欲求）」「あの人に告白する＝Action（購買）」といったプロセスです。

この「ＡＩＤＡモデル」は、**「人間がDesire（欲求）を抱く段階」と「Action（購買）に移る段階」を明確に区別したという意味で非常に画期的**でした。実際、私たちも「欲しいモノがあって自分の『買いたいものリスト』には載せている。でも、実際には買わないと思う」という商品があったりしませんか？　そういった消費者の心理的発達度合を見事に「見える化」したのです。

注意を惹くならテレビ、興味を惹くならＷＥＢ

この「ＡＩＤＡモデル」を基にお客様心理を考察すれば、あなたのお客様がどのような説明を求めているのかがより明確になります。例えば、あなたの扱う商品に対して「かなり気になっている＝Interest（興味）」けれども「買いたい＝Desire（欲求）」とまでは思っていない状況だとわかれば、**お客様の「ふんぎりがつかない理由」を解消することで、購入に至ってくれる**はずです。

また、メディアの用途もハッキリしてきます。お客様の「あれ何だろう？＝Attention（注意）」を獲得する段階ではテレビＣＭが有効ですし、「ふむふむ、なるほど＝Interest（興味）」を獲得する段階ではＷＥＢ記事や雑誌記事が有効です。「買いたいなあ＝Desire（欲求）」を獲得する段階では自社サイトなどが有効ですし、「買うぞ！＝Action（購買）」という最終決断をしてもらうのには店頭での実演やキャンペーンが有効……といった具合です。

こういった「ＡＩＤＡ」の流れを作ることが、マーケティングの基本になってきます。

カスタマージャーニーマップ

customer journey map

「心の旅」を楽しめなければ お客様はモノを買わない

AIDAモデル	Attention 注意	Interest 興味	Desire 欲求	Action 購買
カスタマージャーニーマップ	広告で知ってもらう	ウェブ記事で関心を高める	自社サイトで欲求を育てる	無料会員で顧客体験！

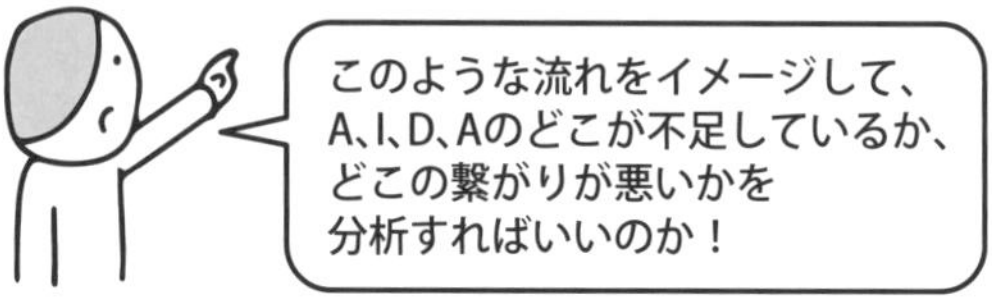
このような流れをイメージして、A、I、D、Aのどこが不足しているか、どこの繋がりが悪いかを分析すればいいのか！

「AIDAモデル」に従い、
自社の製品サービスの
「カスタマージャーニーマップ」を
作成してみよう。

実はきちんと作成している企業が少ない

P52で15「AIDAモデル」について解説しました。これと必ずセットで語られるのが、マーケティング用語の1つである「カスタマージャーニーマップ」です。**お客様が自社の製品サービスにたどり着くまでの過程を「心の旅」になぞらえて可視化**したものです。

ポイントは「心の旅」であるという点です。巡り合うべきモノに巡り合うまでの心の進み方を描いています。では、なぜ「カスタマージャーニーマップ」が重要なのか？　それは自社の製品サービスの「カスタマージャーニーマップ」を作成している企業が少ないからです。すなわち、「AIDAモデル」に従って自社の製品サービスの「カスタマージャーニーマップ」を作成してみると、どこかに抜け漏れが出てくるという場合が非常に多いのです。例えば、「Attention（注意）」を惹く施策はうまく行ったのに、次の「Interest（興味）」を喚起する施策を飛ばして一気に「Desire（欲求）」を生じさせる施策を打ってしまっている……といったケースです。それではお客様が「心の旅」を楽しめません。

「なぜ売れないのか？」現状の課題が明らかに

P54の図は、ある広告代理店が作成した「カスタマージャーニーマップ」です。このマップでは、お客様の「Attention（注意）」を惹く段階では「広告で存在を知ってもらう」という施策を打つ。「Interest（興味）」の段階では、「WEB記事で商品内容を楽しくわかりやすく伝えて興味を惹く」という施策を打つ。「Desire（欲求）」の段階では「使用シーン画像をふんだんに掲載した自社サイトへ誘導し、『欲しい』という気持ちになってもらう」、「Action（購買）」の段階では「無料会員となってもらい、商品サービスの良さを体感してもらう」という……という流れを想定しています。あなたも「AIDAモデル」に従い、自社の製品サービスの「カスタマージャーニーマップ」を作成してみてください。

利用可能性ヒューリスティック

Availability heuristic

記憶から引き出しやすい情報を基に人は判断する

日本人の死因

2019年の日本人の死亡者数は 138万人

①殺人による死亡者数は？ → 293人

②交通事故の死亡者数は？ → 3,215人

③がんによる死亡者数は？ → 370,000人

広告などを駆使して、
あなたの会社の製品やサービスを、
人々が使いやすい「短期記憶」の
保管庫に記憶してもらおう。

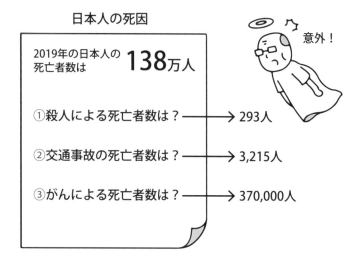

「殺人事件の死亡者数」が想像と違うのはなぜ？

第1章のP26で解説したとおり、「ヒューリスティック」は「認知的な近道」を意味する言葉です。「利用可能性ヒューリスティック」はさまざまな「ヒューリスティック」の1つで、自分の入手しやすい情報や思い出しやすい情報に頼って判断すること。英語の「Availability」を堅苦しく「利用可能性」と訳していますが、要は**「人は自分の使いやすい情報だけ使ってサクッと判断しちゃうよね」**ということです。

私が講義などで挙げる例として、P56に掲載した「日本人の死因」があります。「①殺人による死亡者数」「②交通事故の死亡者数」「③がんによる死亡者数」を想像してみてください。実際の答えを見て多くの人は、「①殺人による死亡者数や②交通事故の死亡者数が想像よりも少ない」と感じたのではないでしょうか？

その理由は「テレビやネットのニュースで、毎日のように殺人事件や交通事故の報道に触れているから」です。人の脳は自分にとって使いやすい「短期記憶」の保管庫に「殺人事件や交通事故はたくさん起こっているはずだ」という情報を記憶しているのです。

「○○といえば」で思い出される存在になる

これらを踏まえて、ビジネスにどう生かすのか？あなたの会社の製品やサービスを、人々が使いやすい**「短期記憶」の保管庫に記憶してもらえば良い**わけです。テレビCM、ウェブCMなどの広告で認知度を上げると効果的なのは、「利用可能性ヒューリスティック」が理由なのです。例えば「スマホといえば？」という質問の回答第1位はｉＰｈｏｎｅでしょう。私が使っているＯＵＫＩＴＥＬという中国製のスマホは高品質で低価格ですが、これを思い浮かべる人は稀でしょう。大半の人が即座に思い浮かべるほど、ｉＰｈｏｎｅは人々の記憶から引き出されやすい情報と化しました。だからこそ、ほぼ比較されることなく「一択」で選ばれているのです。

認知的不協和

cognitive dissonance

不快なものの方が人の目を惹きやすい

“正解”案を1つ、
ちょっとズラした〝不正解〟案を
1つ作成し、どちらが人の印象に
残るか検証してみよう。

わざとフックをつけ、認知的不協和を起こさせる

私たち人間は、自分の認識とのズレに対して不快感を抱きます。これを「認知的不協和」と呼びます。これは「イヤだな」「おかしいな」といった対象から目を離せば命を失う危険があった**野生時代の危険察知能力の名残**と考えられています。

そのため、良くも悪くも不快なものの方が人の記憶に残りやすいのです。芸能事務所の採用方針などでも「良い人は採らない。クセのある人を採る」とうたっているところがありますし、アイドルなども「賛否両論真っ二つの人の方が売りやすい」という話をよく聞きます。クセのある人物の「クセ」の部分や、賛否両論の「否」の部分を、「フック」と呼びます。日本語に訳すなら「ひっかかり」といった感じでしょうか。製品デザインなどにおいても、わざとフックをつけ、認知的不協和を起こさせて、見た人の印象・記憶に残るよう工夫しているケースが見られます。

真面目で遊び心が足りない場合には……

ビジネス書の表紙カバーに女子高生のイラストが使われていたりすることがありますが、これなどは認知的不協和の典型例。お堅い印象が定番のビジネス書に並んで、1つだけかわいいイラストの表紙があると「おや？　なぜここに女子高生が……？」と思わず見てしまいますよね。

では、認知的不協和は、私たちのビジネスの現場でどのように活用できるでしょうか？　例えば、製品のデザイン案（〝正解〟案）を1つ作ったら、ちょっとズラした別案（〝不正解〟案）を作成し、両者を比較してみるのも良いでしょう。そして、どちらが人の印象に残るのか検証してみるのです。

特に**「真面目」「遊び心が足りない」といった評判が定着していて、「現状の評価を打破したい」と考えている企業や製品サービス**の場合、ちょいズラしを試してみることをオススメします。

単純接触効果

mere exposure effect

最初は嫌いな相手でも、何度も会えば好きになる

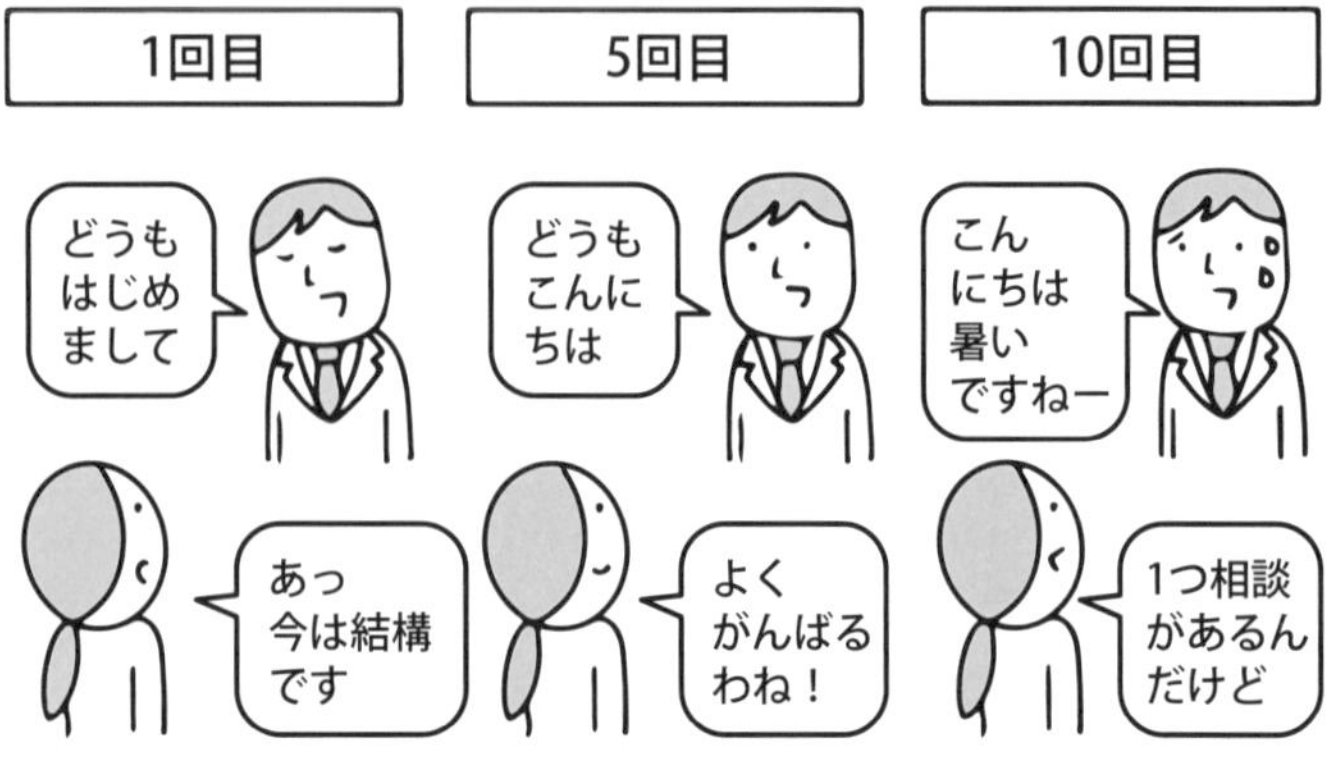

初めに「結構です」と拒否されても、
心を折らずに
コミュニケーションし続ければ、
好意を持ってくれる可能性がある。

心と身体を守るための防衛反応

「単純接触効果」は、どんな対象であろうと何度も接触しているうちに好意度が高まる効果のことです。P58の18「認知的不協和」とよくセットで語られます。1968年にアメリカの心理学者ロバート・ザイオンスが発表したので「ザイオンス効果」とも呼ばれています。人には、自分自身の心と身体を守るための防衛反応が備わっています。第一印象で不快に感じた相手であっても、不快に感じた部分を私たちの脳が情報としてキャッチしなくなります。逆に不快を受け入れようとう、慣れようと、良いところを探して理解しようとするため、不快感はどんどん取り除かれていきます。**不快な要素は脳のフィルターではじき、良い要素だけ取り入れようとする**ため、接触回数が多くなると好感度が高まるのです。

初回で「結構です」と言われても、めげない

ビジネスにおいて、この単純接触効果のパワーを理解し活用している代表格は、タレントさんでしょう。初めて見たときは「何この人！　ヤな感じ」と感じたタレントさんだったのに、気がつけばファンになっていた……という経験は皆さんもあるのではないでしょうか？　ネット広告なども非常にそのあたりはうまくやっていて、私も〝術中〟にはまったことがあります。その1つが、マンガ『ワタシってサバサバしてるから』(通称「サバサバ女」)のWEB広告です。クセのある主人公が偏った主張をするので、第一印象はかなり不快でした。けれども、何度もその広告が現れると次第に主人公に好感を持つようになり、その広告が出ると思わず目を留めるようになってしまいました。

営業系のビジネスパーソンの場合、初回の訪問で「結構です」と言われても、心を折らずに何度か顔を出していれば、相手が徐々に好意的になる可能性があります。**単純接触効果を信頼し、**(**相手の迷惑にならない程度に**)**コミュニケーション**をとっていきましょう。

バンドワゴン効果

bandwagon effect

みんなが選ぶものなら
良いものに違いない

「たくさんの人に選ばれている」
「多くの人に高い評価を受けている」
といった“メジャー感”を
巧みに演出しよう。

関係の深い人たちと同じものを自分も選ぶ

私たちには自分のための経済活動であるにもかかわらず、「自分の所属している集団の中で自分の行動がどのように見られ、評価されるのか？」という力学が働きます。典型例として挙げられるのは、女子高生がiPhoneを買う現象です。自分の判断でどのメーカーの機種を選ぶかを決めれば良いのですが、**友だちという集団が自分の価値判断の基準となり（専門用語では「準拠集団」と呼びます）、どのスマホを買うかに多大な影響**を与えています。

ゲームでもテレビ番組でもそうですよね？　自分と関係の深い人たちが楽しんでいるものを自分も選ぶものなのです。この「みんなが選んでいる物事が魅力的に見え、さらに多くの人に選ばれる心理効果」のことを「バンドワゴン効果」と呼びます。

「楽隊車の後に行列が続くようす」が語源

バンドワゴンとは、パレードの先頭を行く楽隊車のことです。楽隊車の後に行列が続くようすをイメージして「バンドワゴン効果」と言われています。

マーケティングにおいては「みんなやっている」「みんなに選ばれている」が一定の効果を持ちます。行列の出来ているラーメン屋さんを見て、「このお店はおいしいに違いない」と思う。店頭でよく見る「人気No.1商品」「売れ筋商品」といった表示を見ると、その商品を選びたくなる。あるいは、ショッピングサイトにアクセスして商品選びで迷っているとき、レビューのいちばん多いものを選ぶ……これらはすべて「みんなが選ぶものなら良いものに違いない」という「バンドワゴン効果」によるものなのです。

あなたのビジネスで扱っている商品やサービスに対しても「たくさんの人に選ばれている」「多くの人に高い評価を受けている」といった〝メジャー感〟を出してあげましょう。そうすればバンドワゴン効果が働き、より多くの売上につながるはずです。

製品プロモーション

スノッブ効果

snob effect

「みんなと同じはダサい」と感じる人が一定数いる

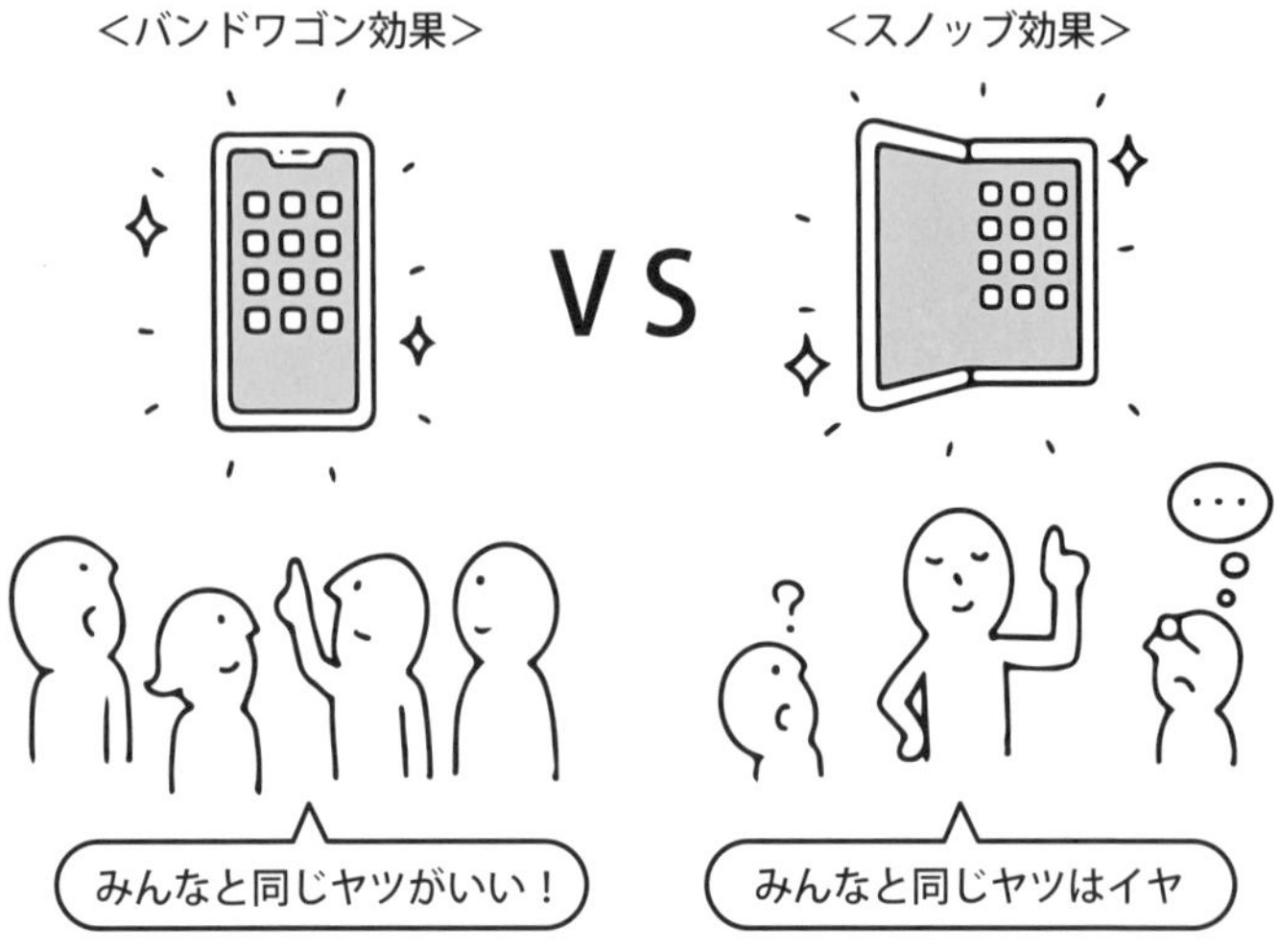
<バンドワゴン効果>
<スノッブ効果>
VS
みんなと同じヤツがいい！
みんなと同じヤツはイヤ

ニッチな層に高価格帯の商品やサービスを訴求したいなら、「違いのわかる人はこちらを選ぶ」と伝えよう。

「自分は人と違っていたい」と感じる効果のこと

「Ｓｎｏｂ（スノッブ）」は「自分の考えを持っていない人」という意味で使われており、日本語では「俗物」と訳されます。

「スノッブ効果」とは、他の人と同じことをする人々を俗物とみなし、「自分は人と違っていたい」と感じる効果のことです。みんながｉＰｈｏｎｅを持っている中、自分は敢えてＸｐｅｒｉａを持つ……その行為を通して「自分は彼らとは違うんだぜ」とアピールしているわけです。

ただ皆さんはすでにお気づきかもしれませんが、P62の20「バンドワゴン効果」でｉＰｈｏｎｅを買う行為も、「スノッブ効果」でＸｐｅｒｉａを買う行為も、「自分の選びたいものを選んでいるのではなく、他人の目を意識して選んでいる」という点では同じです。そのため、**この2つはどちらも「他人の目の心理学」**と称されています。

「バンドワゴン効果」か？「スノッブ効果」か？

では、この「スノッブ効果」をマーケティング上でどのように活用できるでしょうか？　１つのアイデアとして挙げられるのは**「違いのわかる人はこちらを選ぶ」というアピール**です。かつて「違いのわかる男のネスカフェゴールドブレンド」というテレビCMがありましたが、まさに「他の人とはひと味違うものを選びたいあなた」へ訴求したCMでした。

大別すれば、「バンドワゴン効果」を活用したい商品はトップシェアを取りたいメジャー商品であるのに対し、「スノッブ効果」を活用したい商品は、ニッチな層に訴求したい商品と言えます。高級路線のハンバーガーショップ、デザイン家電、高額化粧品などは「スノッブ効果」との相性が良いですよね。あなたの扱う製品やサービスのプロモーションに関しても、「バンドワゴン効果」と「スノッブ効果」のどちらと相性が良いか、この機会に考えてみると良いでしょう。

コントラスト効果

contrast effect

2つを比べて差があると、実際以上に大きく感じる

「時代遅れの旧モデルを
“当て馬”にして、
最新モデルを輝かせる」
という方法を検討してみよう。

比較対象となる〝当て馬〟を立てる

「コントラスト効果」とは、2つ以上の物事を比較した時に差があると、その差が実際の差よりも大きな差として感じられる心理現象のことです。

ある商品を売りたいなら、その商品の比較対象となる〝当て馬〟を立てることが必要となります。例えば、お客様に買ってもらいたい豪華な駅弁があるなら、その豪華駅弁を際立たせるために、その隣に、**それよりも見栄えが劣る駅弁を陳列**するわけです。すると、豪華駅弁の豪華さが〝実際以上〟の差としてお客様に伝わり、豪華駅弁のほうを選んでくれる……というわけです。

最新モデルの横に旧モデルを置く

この「コントラスト効果」は、マーケティングや人事などでもさまざまな形で活用されています。人事では、会社が人員整理をする際に**「会社を辞めるか？給料の30%カットを選ぶか？」**と対象者に問い、対象者に「給料30%カット」の方を選ばせる……といった形で「コントラスト効果」が活用され、実際に多くの人が「給料30%カット」を選ぶという調査結果が残っています。マーケティング観点で用いられるのは、業界水準値や他社との比較です。**自社より低いもしくは悪い数値**を示し、その後に「世界的なシェア○%」「日本初！○○賞」「○年連続受賞」などと自社をより良く見せる手法です。

家電量販店などでは、**旧モデルを店頭に置き、それと対比させる形で最新モデルを陳列**していたりします。時代遅れになった旧モデルを〝当て馬〟にすることで、最新モデルを輝かせているわけです。「旧モデルを用済みのものとして扱うのではなく、売上貢献のためにもうひと踏ん張りしてもらう」。この発想は、家電業界に限らず、さまざまな業種・業界で使えるのではないでしょうか？　あなたのビジネスにおいても検討してみてください。

解釈レベル理論

Construval Level Theory

馴染みの度合いによって評価基準は変わる

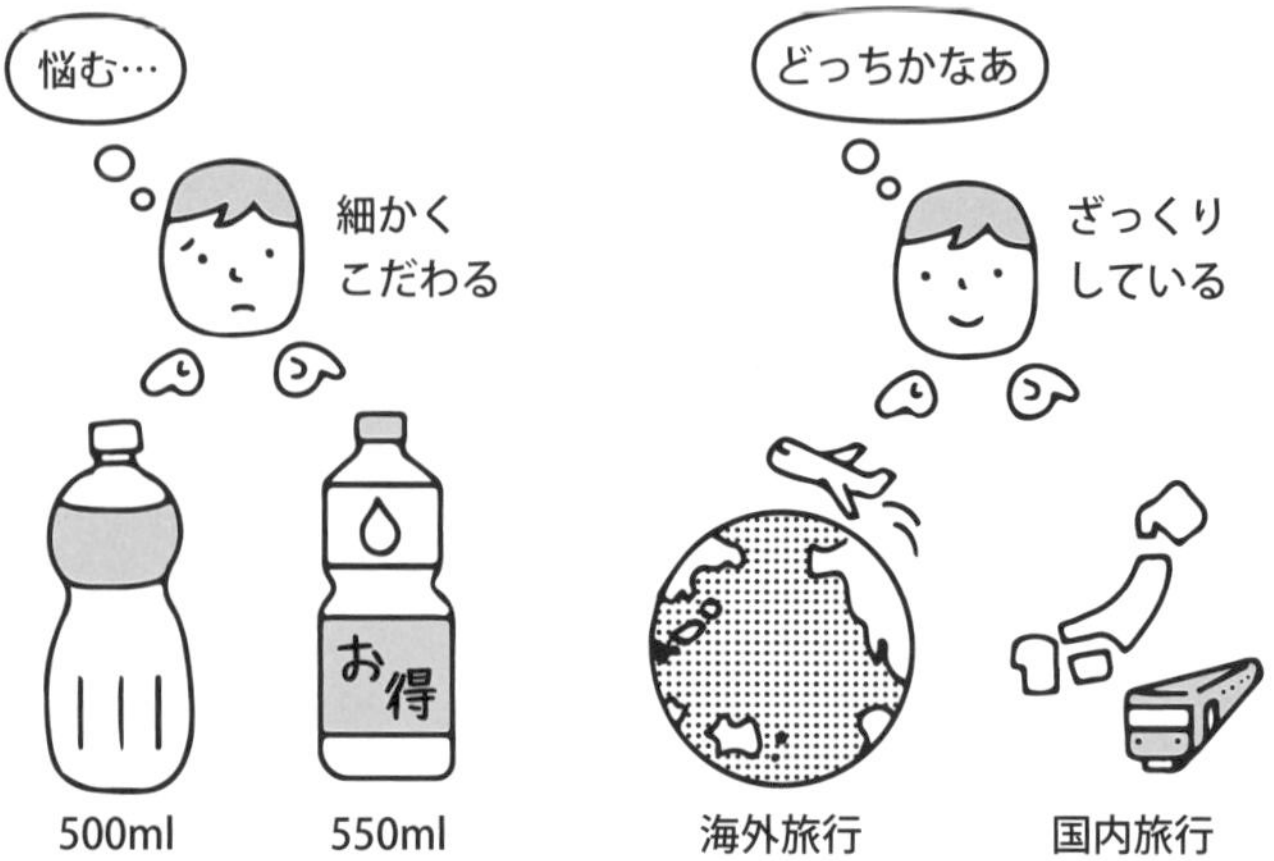

<心理的距離の近いもの>　<心理的距離の遠いもの>

お客様との心理的距離が
近いモノならば具体的なポイントを、
遠いモノならば抽象的なポイントを
訴求すると良い。

新入社員と入社3年目では答える内容が違う

自分にとって馴染みが薄く心理的距離の遠い物事に対しては抽象度の高いレベルで考え、自分にとって馴染みがあり心理的距離の近い物事に対しては具体的なレベルで考えようとする。これを「解釈レベル理論」と呼びます。

この「解釈レベル理論」を製品プロモーションに活用するとしたら、**「お客様と商品やサービスとの心理的距離」**を考えなくてはいけません。「その商品やサービスが、馴染みのあるものか？　それとも無いものか？」によって訴求ポイントが大きく変わってくるからです。

自動販売機の前で50㎖の違いにこだわる理由

例えば、私たちにとって心理的距離の近い清涼飲料の場合、自動販売機の前で「こっちは500㎖であっちは550㎖……悩むなあ」といった感じで、わずか50㎖の違いにこだわったりしませんか？　飲料の場合、量だけでなく、値段、味など、さまざまな細部にこだわって判断しようとします。食品、洋服、靴やバッグ、日用雑貨、スマホ関連なども、心理的距離の近いモノと言えそうです。

一方、心理的距離の遠いもの、例えば夏休みの旅行などは、「国内か？　海外か？」「海か？　山か？」「ラグジュアリーか？　お手頃か？」といった、かなり抽象度の高い評価軸で物事を考えていくわけです。ちなみに、心理的距離が遠いモノとしては保険や医療関係などが挙げられます。「高額で購入の際のリアリティを持ちにくい」という意味では、住宅やマイカー、貴金属なども心理的距離の遠いモノと言えるかもしれません。

さて、あなたの取り扱っている製品やサービスは、お客様にとってどれくらいの心理的距離にありますか？　もしも近いモノならば具体的なポイントを、遠いならば抽象的なポイントを訴求すると良いでしょう。

心理的スイッチングコスト

psychological switching cost

「買い替えたくない」と思う4つの心理的理由とは?

調べたくない

＜サーチコスト＞

学びたくない

＜学習コスト＞

得てきたものを
失いたくない

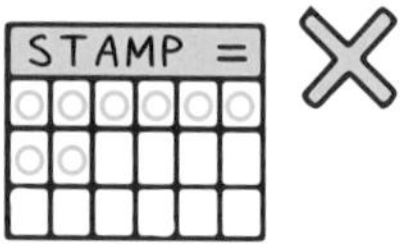

＜累積投資コスト＞

人間関係を
リセットしたくない

＜関係構築コスト＞

買い替えてもらいたい立場なら
スイッチングコストを取り除き、
買い替えてもらいたくない立場なら
スイッチングコストを高めよう。

金銭的・物理的・心理的なコストが存在

「スイッチングコスト」とは、お客様が現在利用している製品サービスから別の会社の製品サービスに切り替える際に負担しなければならない、金銭的・物理的・心理的なコストのことを指しています。例えば、「違うOSのパソコンに替える」というケースであれば、「金銭的コスト（買い替えの費用）」「物理的コスト（操作の違いに慣れるためにかける時間と労力）」「心理的コスト（新しいOSの使い方を一から学び直さないといけないプレッシャー）」などが発生する可能性があります。

心理的コストは4つに大別できる

「スイッチングコスト」の中でも特に心理的コストに該当するものを「心理的スイッチングコスト」と呼び、4つに大別できます。1つめは**「サーチコスト」**、つまり「自分で調べるのが面倒くさいから買い替えたくない」という心理です。2つめの**「学習コスト」**は、「もう一度学び直すのが大変そうだから買い替えたくない」という心理です。3つめの**「累積投資コスト」**は、「これまで得られていた特典（ポイントなど）が得られなくなるのはイヤだから買い替えたくない」という心理。そして4つめの**「関係構築コスト」**は、「今まで築いた人間関係を失うのも新たな人間関係を築かなきゃならないのもイヤだから買い替えたくない」という心理です。私たち人間には常に「現状を変えたくない」という猛烈な心理が働いているわけです。

あなたが「他社から自社へ買い替えてもらいたい立場」であれば、こちらで調べてあげてお客様の「サーチコスト」を下げるなどのサービスで、お客様の心理的スイッチングコストを取り除きましょう。逆に、あなたが「自社から他社へ買い替えてもらいたくない立場」であれば、お客様の心理的スイッチングコストを高めましょう。

お客様と良好な人間関係を築いて「関係構築コスト」を高めるのは、最良の方法の1つです。

利他性

Altruism

見知らぬ誰かのために
人はモノを買うこともある

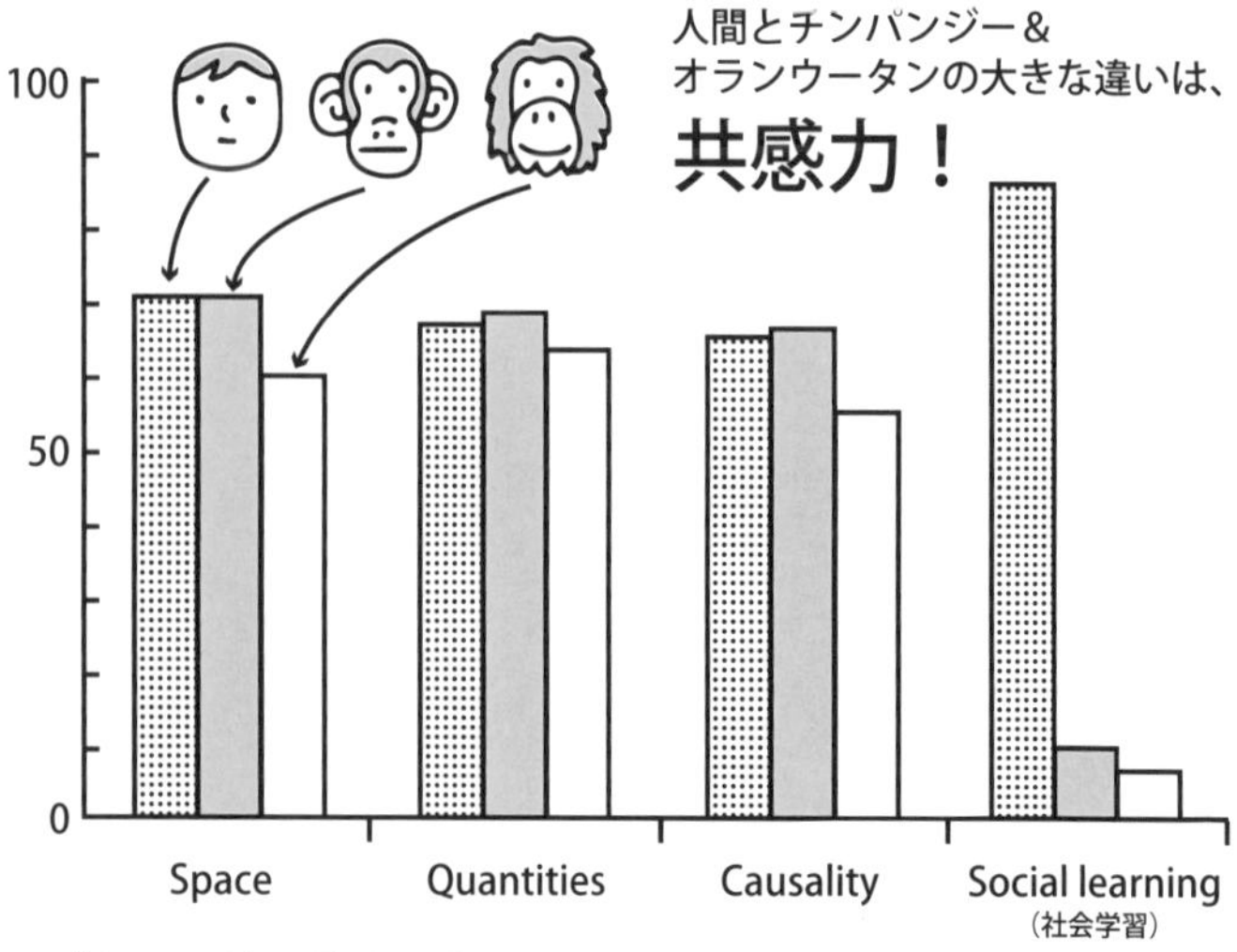

「Humans Have Evolved Specialized Skills of Social Cognition: The Cultural Intelligence Hypothesis」 Herrmann et al, Science 317, 2007 より作成

社会問題をポジティブに
解決できるような
良い提案をすれば、
人々は喜んで協力してくれる。

地上で最大の繁栄を得ることができた要因

15〜24は自分のメリットという観点から取り上げた用語でしたが、「誰かの役に立つかどうか？」という観点も購買の意思決定に少なからず影響を与えていることがわかってきました。これを「利他性」と呼びます。

他人のために行動できる——これは人間だけに見られる特徴です。ハーマン博士の2007年の研究では、7歳児とチンパンジー、オランウータンとの比較で、**唯一「社会学習」だけが知能の差として検出**されています。「社会学習」とは他の行動を見て真似て学習するプロセスのこと。このときに必要なのが、「他がどう考えているか、感じているか」を理解する「共感力」です。共感、そして向社会的行動ができるがゆえに、人は他の生物種よりも大きな群れをつくることが可能になり、地上で最大の繁栄を得ることができたわけです。

アフリカに住む人々に水を供給できるプロジェクト

では、私たちはビジネスにおいてどのように利他性を活かすことができるでしょうか？　かつてナチュラルミネラルウォーターブランド「ボルヴィック」とユニセフが共同で行った「1ℓ for 10ℓ」というキャンペーンが素晴らしいサンプルとなります。「日本のお客様がボルヴィックを1ℓ購入すると、アフリカに住む人々に10ℓの清潔で安全な水が供給される」というもので、多くの人の賛同を得た結果、9年間の支援の総計が約47億ℓ以上にのぼったそうです。「情けは人のためならず」という格言がありますが、**提唱するメッセージやアクションに共感してくれたとき、お客様は利他的な行動をとってくれる**のです。支援型のクラウドファンディングなどは、まさにこの利他性によって成立しています。

あなたが製品やサービスを訴求する際も、利己的なメッセージではなく、社会問題をポジティブに解決できるようなプロジェクトに昇華し、提案してみましょう。そうすれば人々は喜んで協力してくれるはずです。

グーテンベルクダイヤグラム

Gutenberg diagram

人は左上から読み始め、右下で読み終える

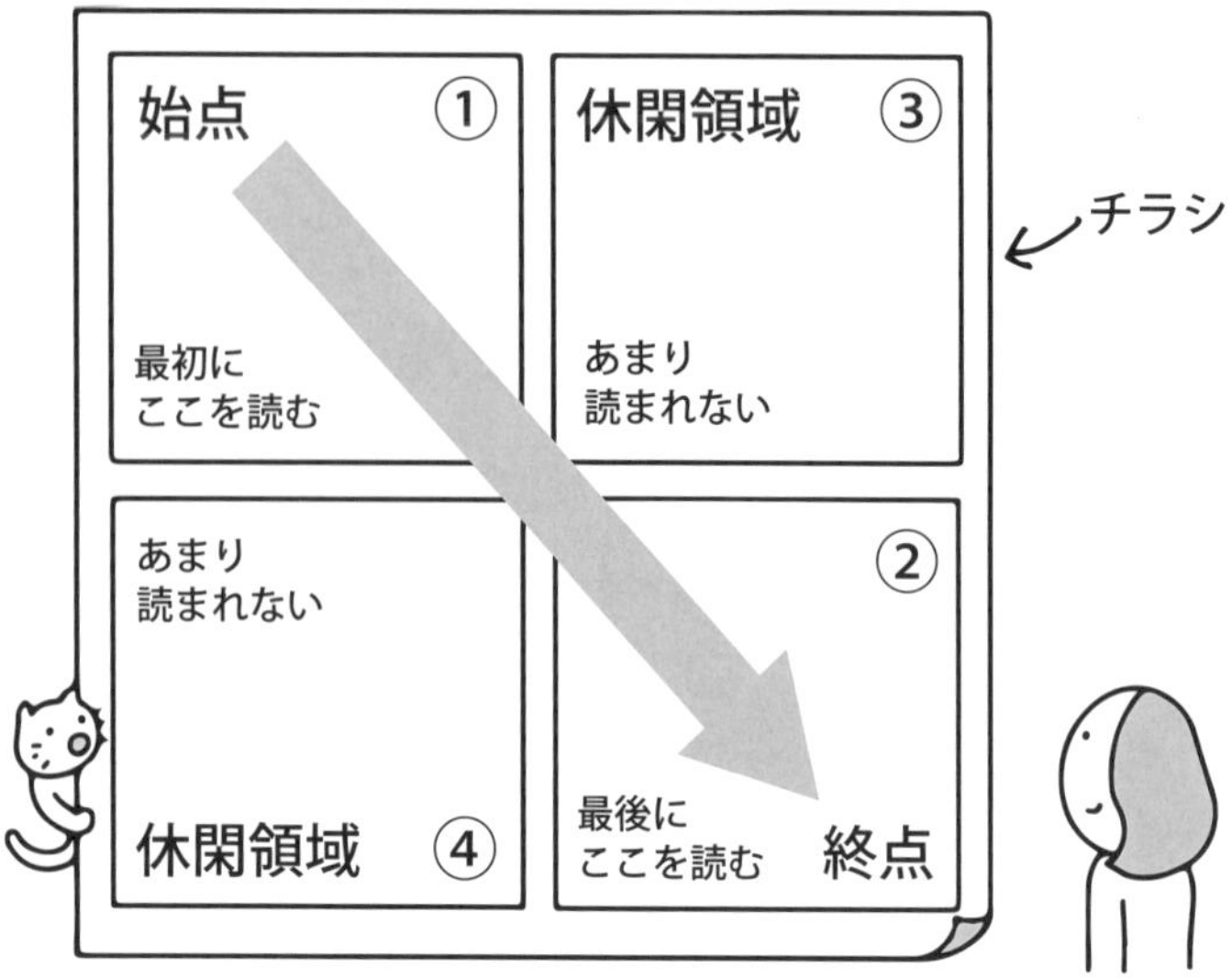

左上→真ん中→右下への
動線を意識すると、
お客様に伝えたいポイントが
より伝わりやすくなる。

活版印刷を発明したグーテンベルクが提唱!?

「グーテンベルクダイヤグラム」は、人は左上から読み始め（始点）、右下で読み終える（終点）という、非常にシンプルで明快な心理法則です。左上に「売りたいもの、伝えたいもの」を配置し、真ん中、右下へと視線を移してもらうようにすると良いのです。逆に言えば、**左下や右上は人々の目に止まりづらい**というわけです。

15世紀に活版印刷を発明したグーテンベルクが「見られる広告、見られる文章とはこういうもの」と提唱した法則として、このように呼ばれています。諸説あり、グーテンベルクが本当に提唱したのかは定かではありません。出版業界、印刷業界などでは、活版印刷の発明者への敬意を込めてそう呼んでいるのかもしれません。ただ、すでに中世の時代からこのような心理法則が確立されていたことは間違いないようです。

国語の教科書、小説などは真逆の流れ

P74の図を見てください。人はまず①（左上）を読み、最後に②（右下）を読む。③（右上）や④（左下）は日本語で「休閑領域」などと訳され、流し読みされる、あるいは読み飛ばされる領域です。**コンビニの商品陳列や自動販売機では「グーテンベルクダイヤグラム」をもとに、左上から売れ筋商品が並べられています。**ですから、左開き・横組みのチラシや書籍、ウェブサイトなどを作る場合、「グーテンベルクダイヤグラム」をもとに、左上↓真ん中↓右下への情報の動線を意識すると読者にポイントが伝わりやすくなります。

一方、面白いのは右開き・縦組みの書籍です。国語の教科書、小説などは、「右上から読み始め、左下で読み終える」という「グーテンベルクダイヤグラム」の摂理に反する流れです。これはつまり、「ポイントだけを押さえて読み飛ばすのが難しい流れ」とも言えます。プレゼン資料を作る際、「文章を読み飛ばさずに一字一句読んでほしい」と思うなら、縦組み形式にするのも一案です。

韻踏みの効果

Rhyme as reason effect

韻を踏んだキャッチフレーズは、わかりやすく覚えやすい

♫
セブンイレブン
いい気分
♫
インテル
入ってる
♫
玄関開けたら
2分でごはん
どれもおぼえ
やすいな～

製品サービスの特長を正確に
伝えることはもちろん必要だが、
そこに遊び心（＝韻踏み）を
1つ加えてみよう。

韻を踏んだキャッチフレーズで好感を獲得

「韻踏みの効果」とは、「韻を踏んでいると印象に残りやすいですよ。ですからキャッチフレーズは韻を踏みましょう」という、非常にシンプルな内容です。

日本における韻踏みの代表的なキャッチフレーズとしては「セブンイレブン　いい気分」や「玄関開けたら2分でごはん」があります。また、イギリスのハインツ社のテレビCM「ビーンズ・ミーンズ・ハインツ」(ビーンズといえばハインツ)が30年以上も放映されていたそうです。なぜ韻踏みはそれほど強力なのか？　それは「好感を得やすいから」です。**口に出しやすく、理解しやすいので、一瞬で覚え、人々の記憶に残ります。**

そして、何度も口ずさんだりする中で、人々はそのキャッチフレーズ(ひいては製品サービス)にどんどん親しみを覚えていくわけです。

「インテル入ってる」と「Intel Inside」

インテルのテレビCMで使われている「インテル入ってる」というキャッチフレーズも韻踏みの好例の1つです。面白いのは「インテル入ってる」があまりにも秀逸だったので、本国アメリカでもそのコピーを採用しようとなり、和文英訳されて出来たコピーが「Intel Inside」でした。「インテル入ってる」は脚韻(語尾が韻を踏んでいる)、「Intel Inside」は頭韻(語頭が韻を踏んでいる)という違いはあるものの、どちらも素晴らしい韻踏みですよね。「インテル入ってる」は「Intel Inside」を訳したものと勘違いしている人が多いようですが、実は〝日本発〟だったわけです。

さて、あなたの製品サービスのキャッチフレーズは韻を踏んでいますか？　特長を正確に伝えることはもちろん必要ですが、もしも「少し真面目すぎるな」と感じたら、そこに遊び心(＝韻踏み)を1つ加えてみてください。**お客様が口にしやすく、発音しやすいキャッチフレーズが出来たら、売上も大きく変わってくる**はずです。

プロスペクト理論

prospect theory

「これくらいかな」という イメージで価格は決まる

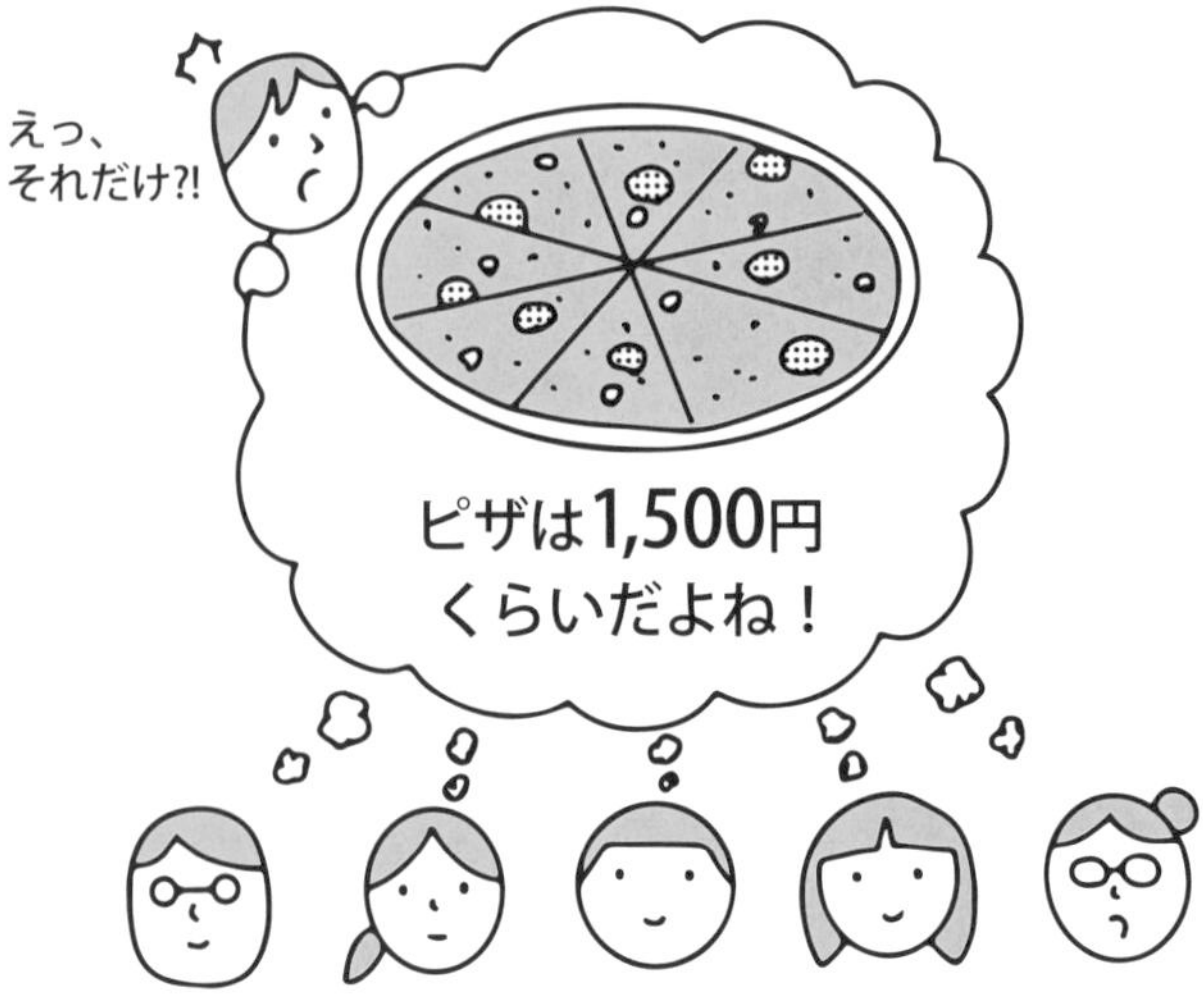
えっ、
それだけ?!
ピザは1,500円
くらいだよね！

人々の中にいったん「安い」
というイメージが定着すれば、
後から高い値段で
売るのは難しくなる。

行動経済学の始まりを告げた画期的な理論

プライシング（値付け）においては、行動経済学の分野で〝決定版〟とされている理論が存在します。それが「プロスペクト理論」です。ダニエル・カーネマン氏とエイモス・トベルスキー氏が、心理学の見地を応用しながら経済的な意思決定についてモデル化しました。とても重要な理論なので、28〜30を使って深掘り解説（この28では「プロスペクト理論」の概要）していきます。

「プロスペクト理論」は、恐るべき単純さでプライシングについて説いています。**製品やサービスの価格は「世の中の人々が『だいたいこれぐらいだろうな』と考える相場観によって決まってくる」**と言うのです。世の中の人々が、ピザ1枚はどのくらいが相場と考えているか？ 「だいたい1500円くらいかな」と考えたら、それがピザの価格を決めているわけです。

〝難問〟に対する、あまりにもあけすけな〝解〟

実は、ピザ1枚は製造原価300円程度で出来ると言われていますから、世の中のピザの価格が「1枚500円」になってもおかしくはありません。でも、ほとんどのお店が低価格でわざわざ売ろうとしない（激安で販売する一部のお店を除きます）のは、世の中の大半の人が単に「だいたい1500円くらいかな」と考えているからです。逆に「1枚3000円」といった高単価設定をするのも難しい。それは世の中の多くの人がイメージする価格とかけ離れてしまうからです。

経済学者や経営学者は何世紀もかけて「いくらで売るのが正しいだろうか？」という〝難問〟を解こうと研究してきました。ところが「プロスペクト理論」では「価格っていうのは人々のイメージで決まるものなんだよ」という、あまりにもあけすけな〝解〟を導きました。価格はそれほど人々の心理による影響を受けやすいのです。**人々の中にいったん「安い」というイメージが定着すれば、後から高い値段で売るのは難しくなる**でしょう。

参照点

reference point

イメージを上回ると満足し、下回れば不満を抱く

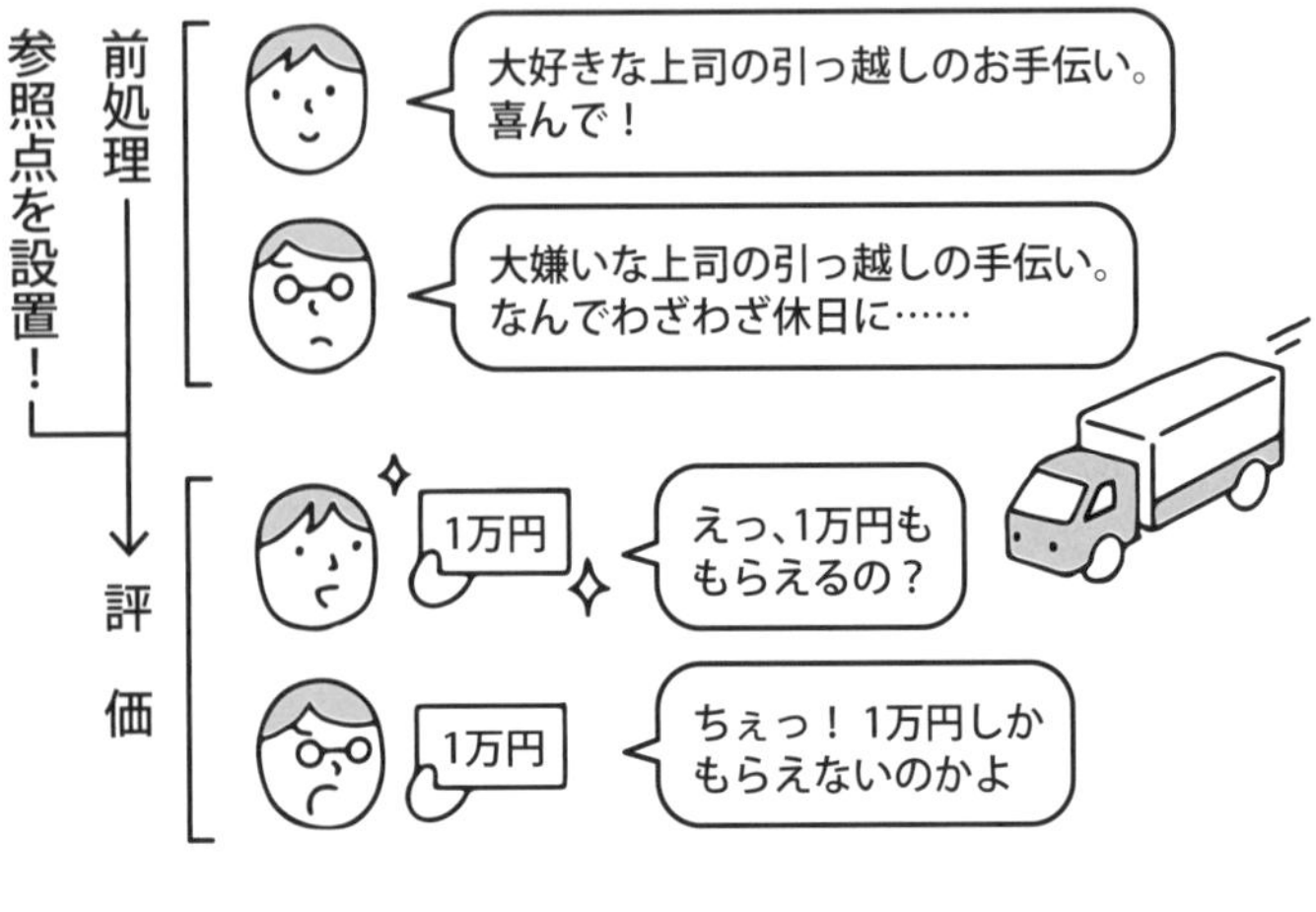
前処理
参照点を設置!
大好きな上司の引っ越しのお手伝い。喜んで!
大嫌いな上司の引っ越しの手伝い。なんでわざわざ休日に……
評価
1万円
えっ、1万円ももらえるの?
1万円
ちぇっ! 1万円しかもらえないのかよ

お客様の「参照点」と
実際の商品価格が
マッチしているか?
あるいは良い方へ超えているか?

過去の経験をもとに「これくらいかな」とイメージ

「参照点」は、前出28「プロスペクト理論」を理解する上での重要用語。「リファレンスポイント」と呼ばれることもあります。「プロスペクト理論」においては、次のような2ステップでモノを買うのだと考えます。

①人々はまず「前処理」を行う。この段階で、人々は損得の基準となる「参照点」を設置する

②その上で「評価」をする。「参照点」をもとに損得勘定をする

この①「前処理」のステップで、人々は損得勘定の基準となる「参照点」を頭の中に設置します。「参照点」は、過去の自分の経験をもとに「だいたいこれくらいの価格だろう」という感じで設定していきます。

「1万円の価値」は人によって異なる

ここで重要なのは、**自分自身で頭の中に設置した「参照点」を上回ったか、下回ったかによって、人は心理的な満足・不満を感じる**という点です。

このことを理解してもらうために、私は授業や講演でP80の「休日に上司の引っ越しの手伝いをして1万円の謝礼をもらった」という例を挙げて解説しています。経済学的にはどちらも「1万円の利得」であるはずなのに、「〝休日出勤〟させておいてたった1万円か」と不満を持つ人もいれば、「日頃お世話になっている上司から1万円ももらってしまった」(満足)という人もいます。

あなたが高価格帯の製品サービスを提供したいのなら、ブランドショップのような高級感を外観、内装、接客などで演出し、「あのお店は高いんだろうな」とお客様にイメージしてもらうことが必要です。つまり、お客様の「参照点」と実際の商品価格がマッチしているか(あるいは良い方へ超えているか)が商売繁盛の秘けつとなるのです。安い商品を扱う場合も原則は同じで「古い外観なのにおいしいお店」なども「参照点」とのギャップを生み、満足度を高めます。

価値関数

value function

満足感よりも不満の方が
お客様の心に強く残る

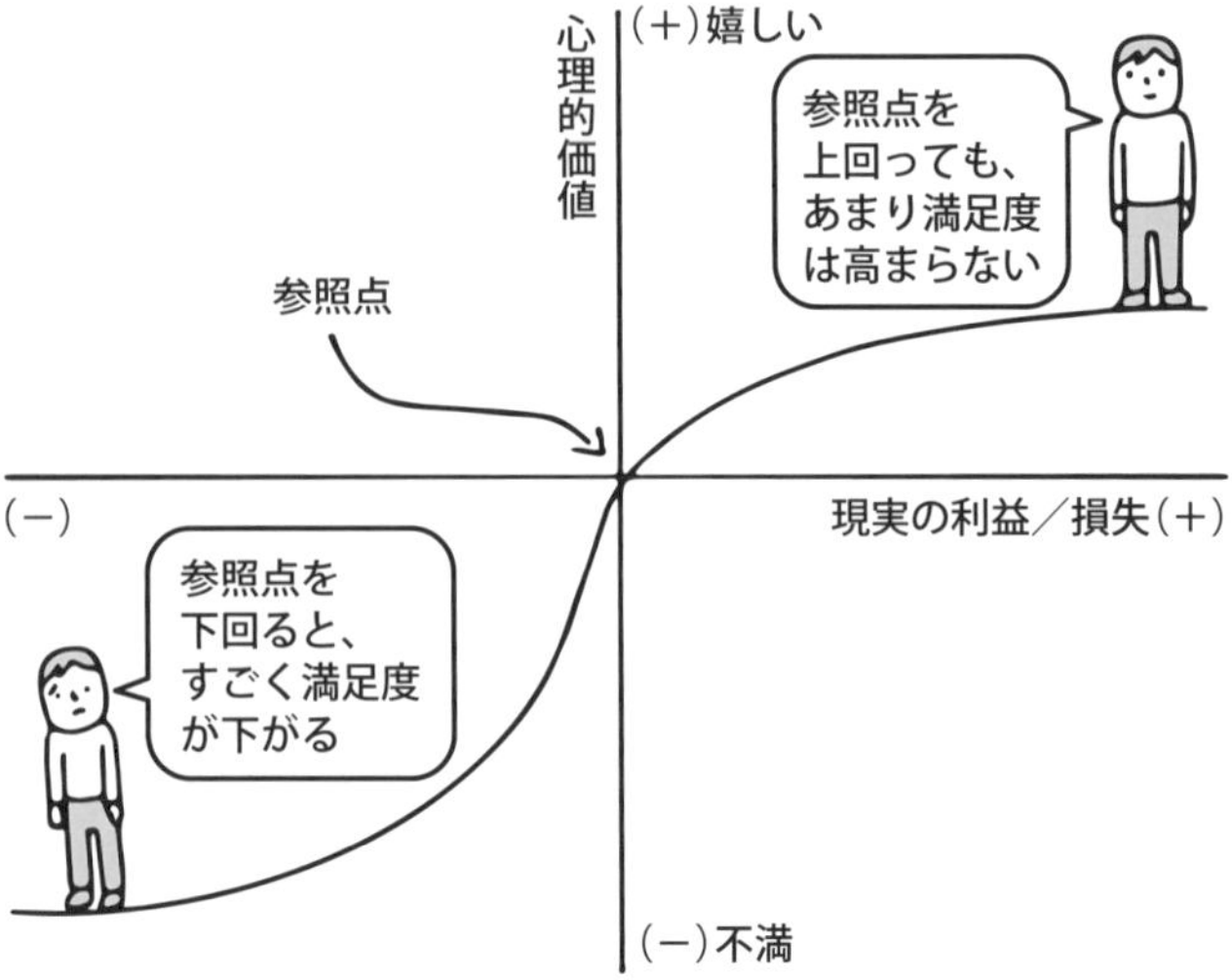

「お客様にとっての損を
一気にお伝えできないか?
得を小出しにお伝えできないか?」
という視点で見つめ直そう。

参照点を下回った瞬間、損をした気持ちになる

「価値関数」は、「プロスペクト理論」（28「プロスペクト理論」および29「参照点」）の評価のプロセスに関わる用語です。

人はモノの価格について「価値関数」をもとに損得勘定をします。P82の図を見てください。原点を中心としたS字カーブを描いています。原点は「参照点」です。横軸は実際の利益／損失、縦軸は心理的価値です。このS字カーブが意味しているのは、

- **参照点を上回っても、あまり満足度は高まらない**
- **参照点を下回ると、すごく満足度が下がる**

という2つの事実です。

例えばグルメサイトの高評価を見て足を運び、期待以上においしかった場合「まあ、『おいしい』とは聞いていたからね」という感じです。一方で、期待に反しておいしくなかった場合は「評判が良いのに全然おいしくないぞ！」と不満が強く出る。これが人間心理というもので、参照点を下回った瞬間、とても損をした気持ちになるのです。

「損は一気に、得は小出しに」で顧客満足度を向上

この「価値関数」を顧客満足度の向上に生かすなら、**「損は一気に、得は小出しに」**ということになります。

お客様にとって心理的負担になるもの（＝損）は、小出しにせず一気に提示します。例えば「お客様にご負担いただく初期費用の総額は〇〇円です。これ以上の追加料金は一切いただきません」といった提供をするわけです。それに対して、お客様にとって嬉しいこと（＝得）は、小出しにするのです。「サプライズ連発の演出をする」「タイムサービスを何度も行う」「細かく値下げに応じる」といった提供のしかたがこれに該当します。

「お客様にとっての損を一気にお伝えできないか？得を小出しにお伝えできないか？」という視点で、あなたの製品サービスの提供のしかたを見つめ直してみてください。

シグナリング

Signaling

価格は、お客様に対して
シグナルを発している

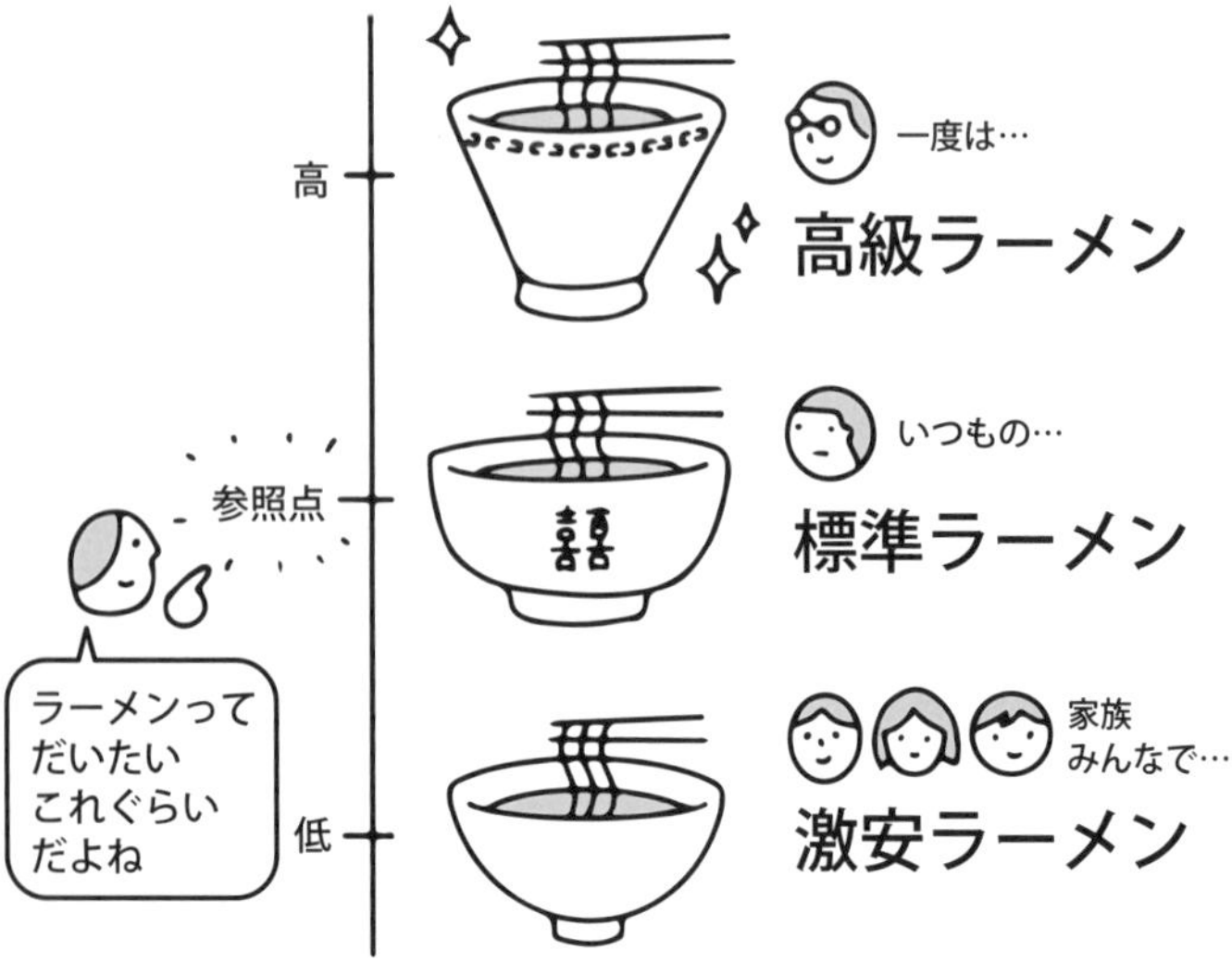

参照点よりも高くする?　低くする?
参照点に合致させる?
それだけでお客様の商品サービスに
対する印象は変わる。

高い価格がついていれば「良い品なのだな」と感じる

「シグナリング」は、「プロスペクト理論」（28「プロスペクト理論」、29「参照点」、30「価値関数」）に連なるプライシング（値付け）関連の用語で、価格が消費者に与える心理効果のことです。高い価格がついていれば、お客様は「良い品なのだな」と感じ、逆に安い価格がついていればお客様は「普及品なのだな」と感じます。

例えば、「iPhoneの最上位機種が20万円以上で新発売になった」というニュースを耳にしたとします。「20万円以上」という高価格によって、あなたはそのiPhoneに対して「ハイスペックなんだろうな」「デザインが洗練されているんだろうな」などとイメージを膨らませているはずです。

これはつまりアップルが、**価格という数字を使って「この商品は自信がありますよ」「最高の体験ができるスマートフォンなんですよ」というシグナルをお客様に発信**しているということなのです。

プライシングも商品デザインの一部である

近年、デザイナーなど商品サービス開発側の間に**「プライシングも商品デザインの一部である」**という考え方が浸透してきました。価格によってお客様の感じ方、捉え方が変わってくることを重要視しているのです。

参照点よりも高い値段設定にするか？　低い設定にするか？　参照点に合致する設定にするか？　それだけでお客様のあなたの商品サービスに対する印象が大きく左右されます。参照点以上の強気の値付けをすれば、期待値も当然高くなり、期待を超えられなかった際の失望感も大きくなります。逆に参照点以下のお買い得感のある値付けをすれば、期待値は下がり、期待を超えるのが容易になります。

ちなみに参照点どおりの値付けをすれば、標準品を求めるお客様に選ばれることになります。コカ・コーラなどはその代表格で「コーラの標準価格は自分たちが決める」という王道感を漂わせています。

威光価格

prestige price

良いモノはできるだけ
高い価格で買いたい

〈ラグジュアリーとプレミアムの違い〉

ラグジュアリー	プレミアム
夢	現実
プライスレス	説明のつく価格
比較不能	比較可能
意味	品質

所有欲　見栄

燃費　乗りやすさ

「自己のステイタス、
自己の満足のために」
という心理欲求を満たす
ラグジュアリー戦略を検討しよう。

高い価格で商品サービスの権威づけをする

「威光」の意味を辞書で調べると、「人が自然に畏れ敬い、それに従おうとするような勢いや力」とあります。「威光価格」は、「価格を吊り上げることによって、その商品サービスの権威づけをする」ということで、31「シグナリング」（P84参照）と概念はやや異なるもの の、言っていることは基本的には同じです。

（P84参照）

フランスにLVMHというファッション・コングロマリットがあります。Louis Vuitton（ルイ・ヴィトン）、DIOR（ディオール）、Tiffany & Co.（ティファニー）など数々の世界的ラグジュアリーブランドを傘下に収めています。大半の人にとっては「知っている！　でも高いよね」というのが率直な感想かと思います。

LVMHの2022年の売上は、グループ全体で約12兆円。日本ではソニーに匹敵する売上規模です。驚くべきは70%近くを誇る売上総利益率（粗利率）ですが、コロナ・ショックの中でも増収・増益を続けてきました。

人々は高いモノを欲しがるようになっている

このLVMHの売上推移が何を意味しているか？　それは「人々は高いモノを欲しがるようになっている」ということです。その背景にあるのが高いモノを買うことは**「自己のステイタスと満足のために、良いモノはできるだけ高く買いたい」という心理**なのです。

近年、ビジネスの世界では、LVMHのようなビジネス戦略を「ラグジュアリー戦略」と呼び、価格に威光を持たせることで売れ行きを良くしているのです。

さて、ここからが本題です。「プレミアム」と「ラグジュアリー」の違い、何だかわかりますか？　「プレミアム」は「こういう機能を搭載しているから高いんです」などと価格に説明がつくもの。それに対して「ラグジュアリー」は、「なぜそんなに高いのかわからない、でも欲しい！」と思わせるものです。参照点の概念を超越する〝魔法〟をかける……「ラグジュアリー戦略」を選ぶなら、そこまでやり切る必要があります。

出費の痛み

pain of spending

「0円」と「1円」の間には天と地ほどの差がある

送料無料　試食無料　利用無料

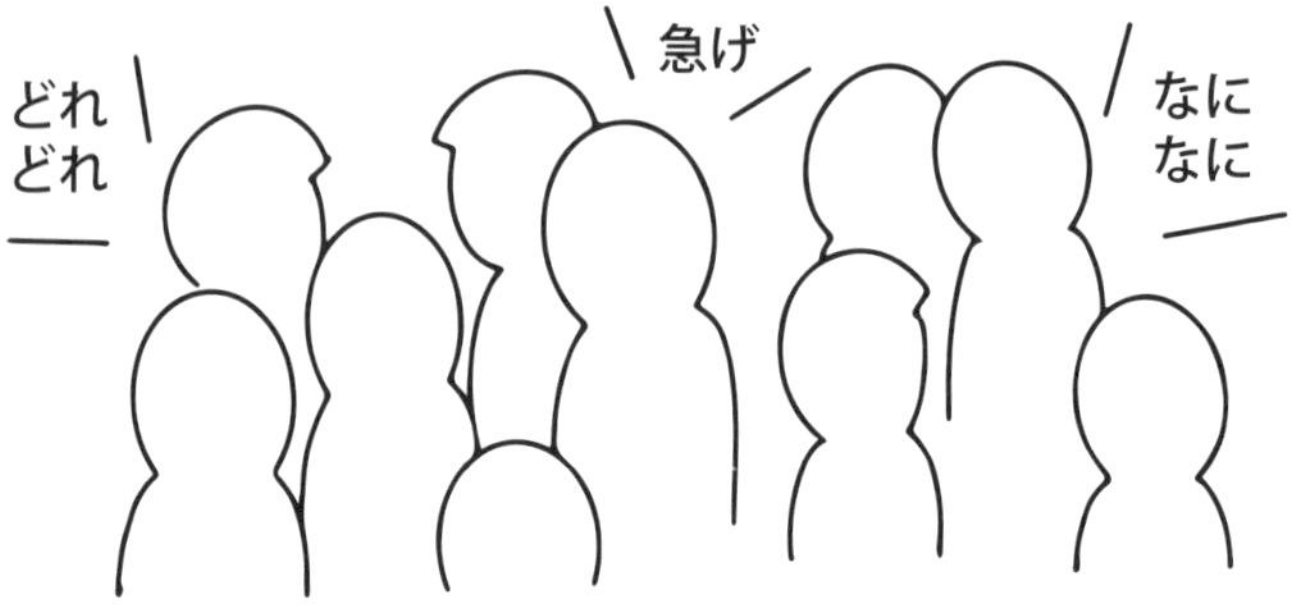

「無料」という言葉には
理性を吹き飛ばすインパクトがある。
ビジネスの場で「無料」の
活用方法を考えてみよう。

たとえレジ袋が3円であったとしても……

たとえレジ袋が3円であったとしても、それまで無料であったレジ袋に対してお金を出すことに大きな抵抗を感じる……これは「無料効果」とも称される「出費の痛み」の典型例です。金額の大小ではなく「お金を払う必要があるのか？　無いのか？」が重要なのです。

実際、「無料」という言葉には人々の理性を吹き飛ばすほどのインパクトがあります。ビジネスの場では「無料」が有効活用されています。昔からあるのはポケットティッシュの無料配布です。「送料無料」や「試食無料」などをうたうと、多くの人が集まってきます。SNSサービスやアプリなどでも「利用無料」となると「使わないかもしれないけどとりあえず登録してみよう」となりますよね？　**今日では「無料」は顧客集めのための基本手段となっているのです。**その背後にあるのが、「出費の痛み」の心理効果で、知名度などに乏しいスタートアップ企業などは、商品やサービスをロケットスタートさせるために「無料」を有効活用しています。

「全額返金保証」で高級品でも売れやすくなる

消費者の観点で少しネガティブな側面を敢えて挙げておくと、それゆえに人は「無料」という言葉をちらつかされるとうっかり損失をしてしまう危険性があります。「何千円以上購入すると送料無料」と書かれていたら、思わずもう1アイテム買ってしまう。あるいは、「ゴールド会員になるとこのサービスが無料で使用できます」といったうたい文句を目にすると、自分にとって本当に必要かどうかをあまり検証せずにゴールド会員になってしまう。消費者としては「無料」の言葉に惑わされすぎないように注意したいところです。

「無料」の高度な応用例としては**「ご満足いただけなければ全額返金いたします」**。「出費の痛み」がゼロになるという期待があることで、高級品でも売れやすくなります。

極端の回避性

extreme avoidance

「松、竹、梅」があると大半の人が「竹」を選ぶ

〈松・竹・梅の場合〉

松	世界的なトッププロが教える エリートコース。月30万円。
竹	日本ランキング上位のプロが教える 準エリートコース。月3万円。
梅	一般的な講師が教える レギュラーコース。月3000円。

〈竹・梅の場合〉

竹	日本ランキング上位のプロが教える 準エリートコース。月3万円。
梅	一般的な講師が教える レギュラーコース。月3000円。

「松、竹、梅」の３段階で
商品ラインナップや
コースメニューを
設定することが重要。

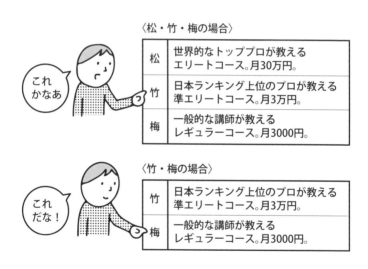

人は「極端なものにはリスクがある」と考える

人は「極端なものにはリスクがある」と考えがちで、3段階の選択肢を提示されると、真ん中の選択肢を選ぼうとします。これを「極端の回避性」と言います。**日本では「松竹梅の法則」などと呼ぶ**ことがあります。

では、このような人間の心理特性を、ビジネスの現場でどう活かせば良いのでしょうか？「こちらが売りたいものを真ん中にする」というのが1つの方法です。例えば、あるテニススクールで、

松）世界的なトップププロが教えるエリートコース。月30万円

竹）日本ランキング上位のプロが教える準エリートコース。月3万円

梅）一般的な講師が教えるレギュラーコース。月3000円

の3つのコースを設けたとします。テニススクールは「日本ランキング上位のプロが多数在籍するので竹を売りたい」と思っています。さて、この3つを提示されると人はどう感じるでしょうか？

比較対象のために「松」と「梅」を作る

両サイドに極端な比較対象があることで、大半の人は「月30万円は高すぎて世界的なトッププロにはとても習えないけれど、一般的な講師に教えられるのは物足りない気がするな。せっかくなら、日本ランキング上位のプロに教わろうかな」という心理になるのです。

ちなみに、松の「世界的なトッププロが教えるエリートコース」が無く、竹の「日本ランキング上位のプロが教える準エリートコース」と梅の「一般的な講師が教えるレギュラーコース」だけだとどうでしょうか？ **3つで比べるときほど竹が輝いて見えず、梅を選ぶ人が増えてしまうのです**。ですから、「松、竹、梅」の「松」を設定することは、「それが実際に売れるかどうか？」にかかわらず、重要と言えるのです。

IKEA効果

ikea effect

自分で組み立てると、そのモノへの愛着が湧く

「なんでもかんでもやってあげる」
で伸び悩んでいるなら、
「敢えてお客様に苦労してもらう」
という視点で再考を。

既製品よりも自作のモノの方が価値が高い

「IKEA」は、家具やインテリア雑貨を販売している北欧スウェーデン発のショップ。大きなものは**分解した状態で販売していて、購入者は自分で組み立てます。**

ハーバードビジネススクールのマイケル・ノートン氏、デューク大学のダン・アリエリー氏、イェール大学のダニエル・モション氏が、被験者の前に自分で作ったものと既製品を並べ、「どちらの価値が高いか?」と尋ねていった結果、人には「自分で組み立てたものに、本来以上の価値を感じる」という心理傾向があることがわかりました。この検証の際、自分で作ったものとしてIKEAの家具も使われたことから「IKEA効果」と呼ばれるようになりました。

実際、人が組み立ててくれたプラモデルよりも自分で組み立てた方が愛着は湧きますよね? 焼肉やバーベキューをおいしく感じるのも同じ理由。労力を払うことが愛着や価値を高める――これは非常に面白い心理傾向です。

「やってもらう」をエンタメ化すればいい

そこから「顧客満足度の向上」を考えてみると、「敢えてお客様に苦労してもらう」という余地を残すことが重要になります。その点においてiPhoneは非常に上手で、**カバーやストラップや待受画像を自分で選ぶ……といった余地**を残しています。そのような手間など本当は無い方が楽なのに、敢えてひと手間かけさせているのです。さらに広げて考えていくと、少々難しく思われがちな「自分のアイコンに名前をつける」「パスワードを設定する」などのプロセスも、テンポよく楽しく行う設定であれば、「IKEA効果」が期待できそうです。

あなたのビジネスが現在「なんでもかんでもやってあげる=顧客満足度が高まる」と捉えて伸び悩んでいるのであれば、「敢えてお客様に苦労してもらう」という視点で再考してみると良いでしょう。

社会的証明

social proof

同じことをする他人を見て、人は安心感を覚える

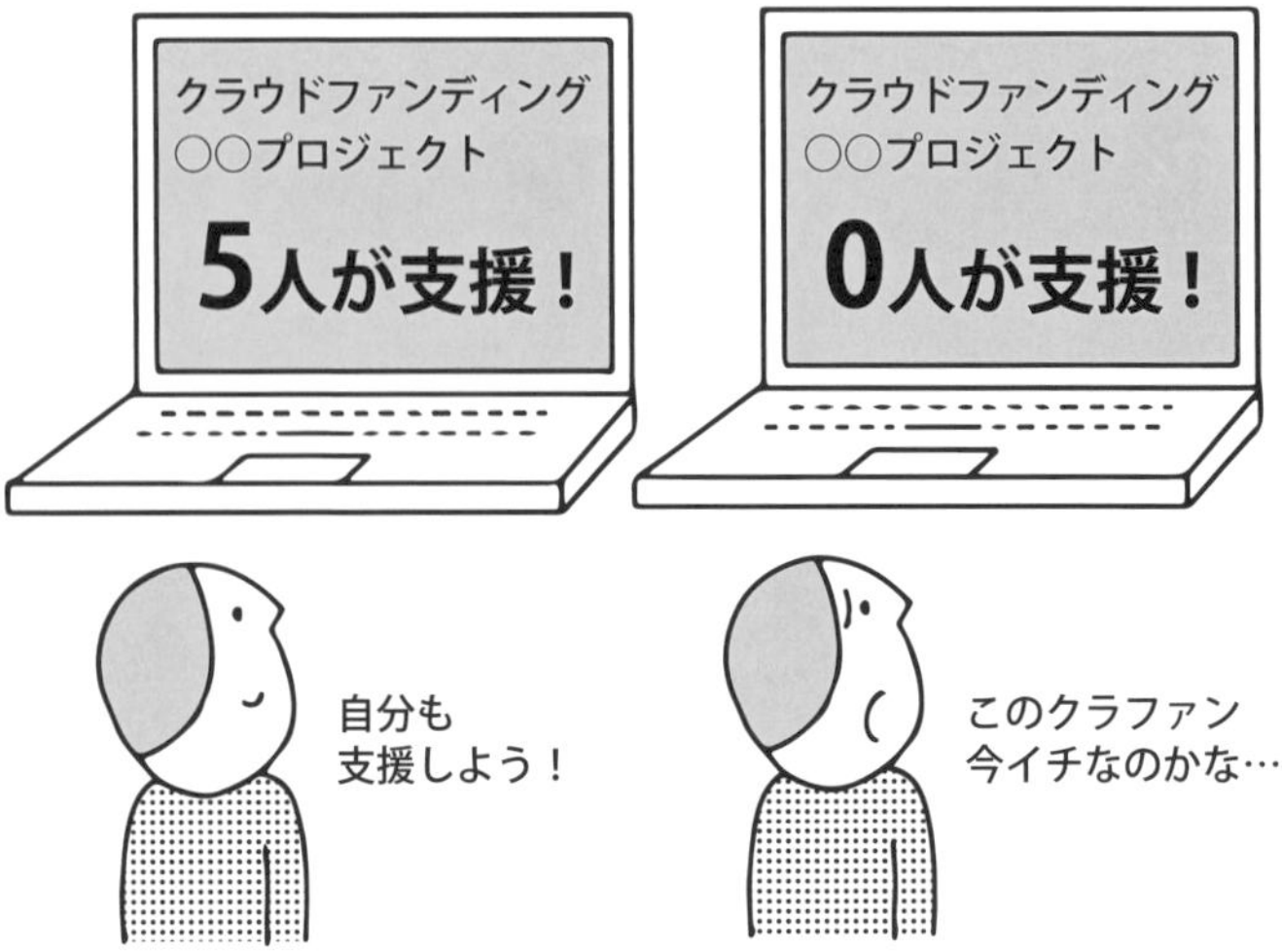

お客様に「この商品やサービスを
ご購入されたことは、
決して間違いではありません」
という安心感を与えよう。

「自分の選択は社会的に正しい?」と不安

「社会的証明」とは、ある状況で自分がどう行動するかを決める際に、他人が何をしているかを参考にすることを指す社会心理学用語です。「社会的証明の効果」と呼ばれたりもします。人は、自分以外の誰かが買ったり使ったりしていると「自分の思ったとおり良いモノなんだ」といった感じで、安心して買ったり使ったりできるようになります。**「自分が採った選択が社会的に正しいのか?」という不安を、人は常に抱えている**のです。

「社会的証明」は、ビジネスの場でさまざまな形で活かされています。商品の検索サイトで「◯人の方が同じ商品に興味を持っています」という表示や、「この商品を買って実際に使ってみました」というブログ記事は、その一例です。なお、自分と同じタイミングでサイトを検索している人、自分が買った商品やサービスを購入しブログ記事をアップしている人は、たくさんいる必要はありません。誰か1人でも自分と同じように思ったり行動したりする人がいるだけで、不安は取り除かれ、心は落ち着くのです。

「支援者がもういる」「まだいない」で大違い

クラウドファンディングでも、この傾向は見られますよね?「スタート直後からすでに何人かが支援している」という状態と「スタートからしばらく経っても誰も支援していない」という状態では、以降の支援者の伸びが大きく変わってきます。

あなたのビジネスにおいて、顧客満足度のさらなる向上を目指したいのであれば、**「お客様が商品やサービスの使用レビューを投稿できるコーナーを設ける」**、**「YouTuberなどのインフルエンサーに使ってもらい、使用感を動画でアップしてもらう」**などのアイデアが考えられます。それらによって、お客様に「あなたがこの商品やサービスをご購入されたことは、決して間違いではありません」という安心感を与えるのです。

ピーク・エンドの法則

law of peak end

過去の経験は「ピーク」と「エンド」で印象づけられる

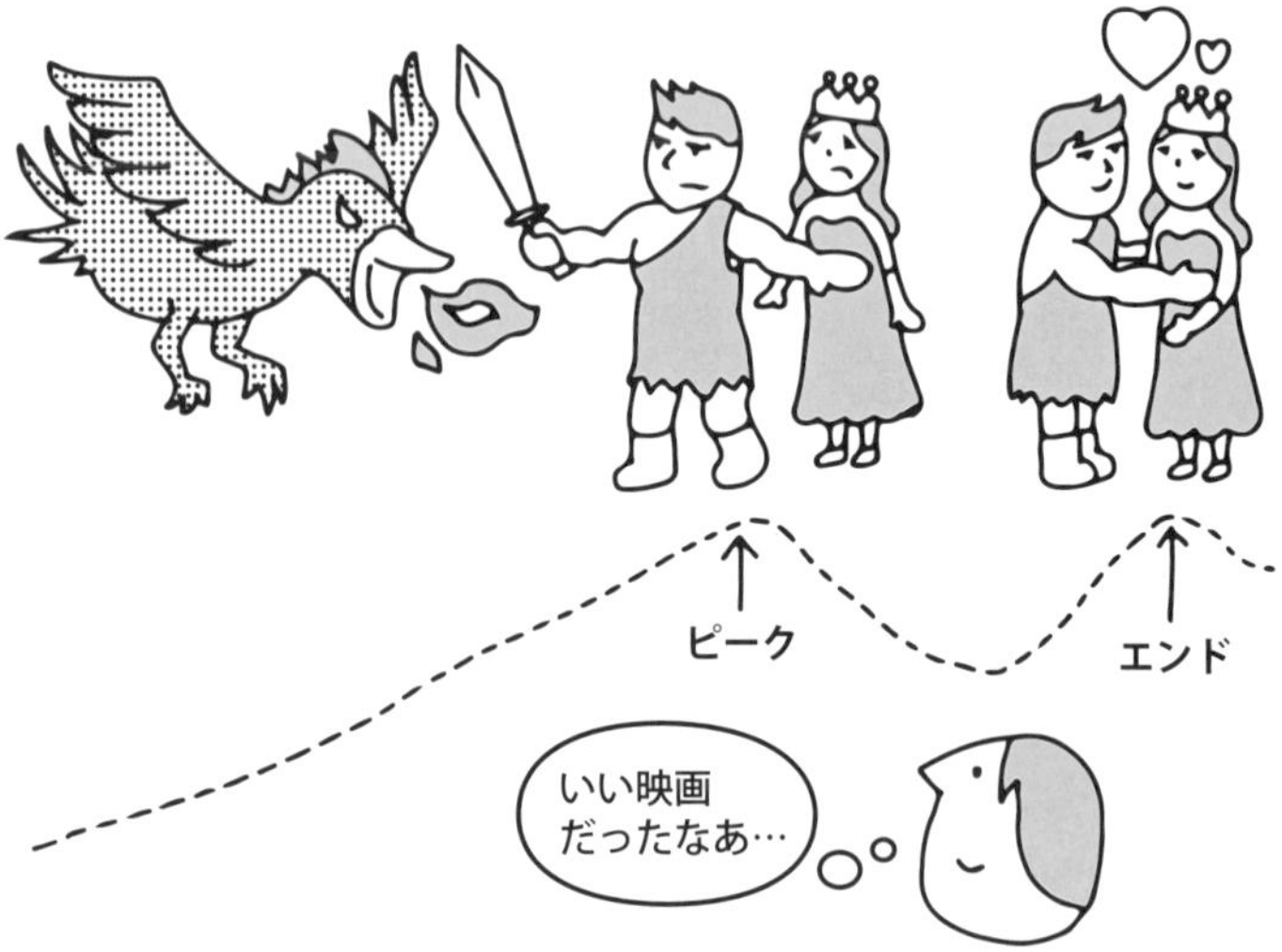

顧客体験の場に明確な
『ピーク』を設定し、
さらには印象に残る
『エンド』を演出しよう。

他にいろいろあっても、この2つで決まる

「ピーク・エンドの法則」とは、「人々はある出来事に対して、感情が最も高まったとき（ピーク）の印象と、最後の印象（エンド）だけで全体的な印象を判断する」という法則のことです。２００２年にノーベル経済学賞を受賞した心理学者・行動経済学者、ダニエル・カーネマン氏によって提唱されました。

わかりやすい例を挙げます。「東京ディズニーランドに友だちと行きました。いろいろなことをしましたが、後々『楽しかったね』と記憶に残るのは、いちばん人気のスプラッシュ・マウンテンに乗ってみんなで歓声を上げたとき（ピーク）と、最後にみんなで見たエレクトリカル・パレード（エンド）でした」というものです。学生時代の思い出も、文化祭や体育祭などのピークと、受験や卒業式などのエンドが思い浮かびませんか？　過去の経験は「ピーク」「エンド」という2点で印象づけられるのです。

「ピーク」を設定し、「エンド」を演出

この法則を現場で生かすポイントは何でしょうか？

1つめは**「顧客体験の場に明確な『ピーク』を設定しましょう」**ということです。イベントや講演であれば「ここで盛り上がる」という山場を設定する。売り場であれば「ここで大人気商品、お買い得商品に出会える」という動線を考える……といった工夫です。

2つめは**「顧客体験の場で印象に残る『エンド』を演出しましょう」**ということ。タクシーであれば、ドアが開き、お客様が降りるとき。ホテルやお店であれば、お客様が会計を済ませた後です。ある自動車メーカーは運転者がエンジンを切る際、「あなたは今回のドライブでこれくらいエコに貢献しました」という貢献度を数字で表示し、「エンド」を心地良く演出しています。

物語で言えば「苦悩からの歓喜」の流れ。映画でも小説でも、名作はすべからく「ピークとエンドが良い」のです。

ロミオとジュリエット効果

Romeo and Juliet effect

目の前に障害があった方が、人は盛り上がる

売れてない
知られてない
インパクトなし
事務所なし
こんにちは！
ファンはボクだけ
応援しなきゃ！

商品サービスを提供する際、
「お客様にちょっと苦労してもらう」
というエンタメ要素を
取り入れてみよう。

推し甲斐があるのは、障害があるとき

「ロミオとジュリエット効果」とは、障害があった方が、逆に「その障害を乗り越えて目的を達成しよう」という気持ちが高まる心理現象のこと。シェイクスピア原作『ロミオとジュリエット』は不仲の家に生まれた主人公2人が恋に落ちる物語で、そこから命名されました。

わかりやすい例は「まだ売れていないアイドル」への〝推し活〟です。自分がファンになったときは、まだそんなに売れていなかった。**「自分たちの力で有名にしてあげたい」と思い、意気に感じます。**ところがファンが増え、誰もが知る有名人になり、目の前にあったはずの障害が無くなってしまったら……〝推し〟を止めてしまうファンの心理はまさに「ロミオとジュリエット効果」で解説できるわけです。

典型例は「地域限定」や「日時限定」

この効果をビジネスに活かすとするならば、**「お客様に一定の苦労をさせる」**ということです。典型例は**「地域限定」**や**「日時限定」**です。「そこまで行かないと買えない」「そのときでなければ手に入らない」という仕掛け・仕組みが、お客様の気持ちを高めるのです。スマホで楽しむ「Pokémon GO」などもよく出来ていて「レベルアップするにはこのアイテムを手に入れなければならない」といったイベントが絶えず発生しています。

こうしてみると、世の中には「ロミオとジュリエット効果」が溢れています。行列に並ぶからこそおいしく感じる。スタンプを全部集めないともらえないから手に入れたときに嬉しい。看板の出ていないお店だから見つけたときの満足度が上がる……すべてが該当しています。

人は何かを成し遂げたいとき、そのプロセスで少しだけ苦労したい生き物なのです。商品サービスを提供する際、「お客様にちょっと苦労してもらう」というエンタメ要素を取り入れてみてはいかがですか？

ハビチュエーション

Habituation

どんなに良いものでも、ずっと同じだと人は慣れる

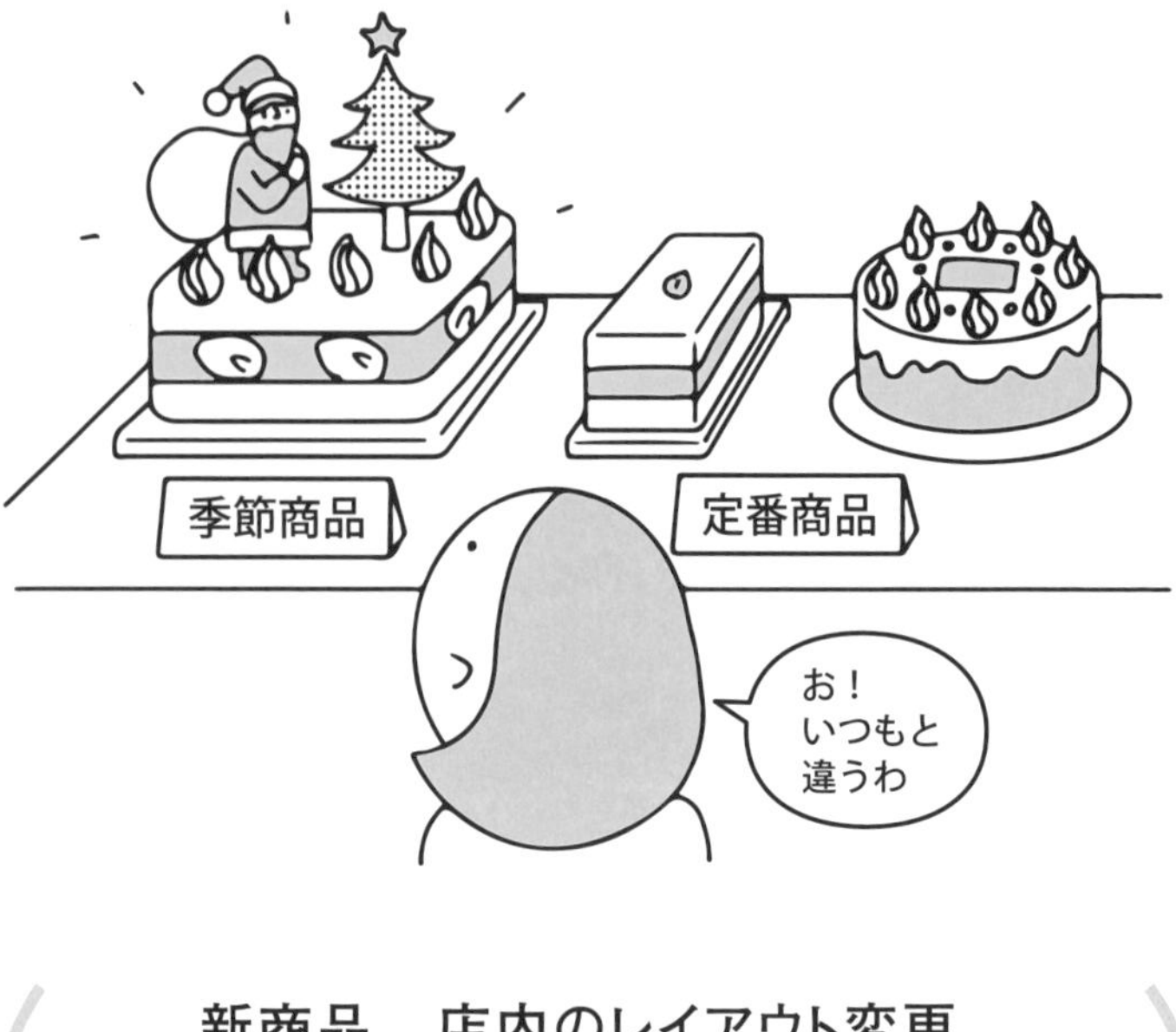

新商品、店内のレイアウト変更、
商品ラインナップ変更、
季節限定商品などで
絶えず変化をつけよう。

飛行機の轟音を聞きながら熟睡できる理由

「ハビチュエーション」とは、脳科学分野の用語です。平たく言えば「慣れ」です。私たちの脳というのは繰り返される刺激にどんどん慣れていく傾向があります。典型的なのは、飛行機に乗っているときのエンジン音です。搭乗したばかりのときはかなり大きな音に聞こえるかもしれません。けれども、個人差はあれど、あの轟音に数十分もさらされていると、気にならなくなり、熟睡できてしまう……ということが起こります。それは、私たちの脳が継続的な刺激に慣れていき、耳が刺激として受け取らなくなるためなのです。

これを少し広げて考えてみると、**「どんなに中身が面白い話であっても、話し方が一本調子だと眠くなってしまう」**と言えます。その話し方の周波数に慣れてしまい、話の内容を聞かなくなってしまうのです。朝礼、講義、講演などを行う際は、話し方に抑揚をつけてみるだけで、相手の反応、反響が違ってくると思います。

どんなに素晴らしい顧客体験であったとしても

では、ここから私たちは何を学ぶべきなのか？　それは「お客様に変化を提供しましょう」ということです。金太郎飴のようにずっと同じ状態であれば、いかに素晴らしい顧客体験であったとしても、お客様に「慣れ」が生じます。たとえあなたの企業の商品サービスに対して好意的なお客様であったとしても、「飽き」が生じます。ですから変化が必要なのです。

メーカーであれば**新商品の発売**などは、お客様に与える変化の一例です。店舗であれば、**店内のレイアウトを変えたり、商品ラインナップを変える**のも一案です。

飲食店などでは、**季節限定商品**がこれにあたります。季節限定商品の存在によって定番メニューが輝く可能性があります。例えば、カフェチェーンで秋限定のサツマイモ飲料をとびきりの味で提供すれば、お客様は新鮮な変化を感じます。すると、次回店に来たときには定番商品であっても新鮮な気持ちでまた欲しくなるのです。

選好の逆転

reversal of preference

提案される順番や状況によって、提案内容に抱く印象は変わる

	1年目	2年目	3年目
パターン1	700万円	650万円	600万円
パターン2	600万円	650万円	700万円

良い条件、悪い条件、
どちらを「後出し」にしても、
好ましい結果にはつながらない。
選択肢があるなら同時に見せる。

まったく同じ条件なのに……

「選好の逆転」とは、**「提案された順番や提案された状況によって評価が変わってしまう」**ということを指しています。転職活動の際、次のような2つの条件で年収を提示された場合を考えてみます。

条件1：初年度給与700万円、2年度給与650万円、3年度給与600万円

条件2：初年度給与600万円、2年度給与650万円、3年度給与700万円

このとき、あなたがもしも「条件1だけ」を提示されていたらどう思いますか？「ええっ、年を追うごとに年収が下がるの？嫌だなあ」と感じるはずです。では「条件1と条件2の両方」を見せられて「どちらか好きな方を選べるよ」と言われたらどう思いますか？「条件2は3年目にならないと700万円もらえないのか……だったら1年目に700万円もらえる条件1の方がマシかな」となりませんか？

「後出し」はうまくいかない

同じ条件であっても、出し方によって相手が受ける印象は大きく変わるのです。では、この心理法則をあなたのビジネスの場で活かすにはどうすればいいか？それは**「後出しをしない。選択肢があるなら同時に見せる」**ということです。

まず、後出しした条件がより良いものである場合を考えます。最初の条件でいったん「これで良いです」と決めていたお客様には**大きな不満**と「なぜこれを最初から見せてくれないのか？」という**不信感**が残ります。

次に、後出しした条件が先に出したものよりも悪いものだった場合を考えてみます。「なぜさっきよりも悪いものを出すのか？」という**大きな失望感**につながります。なぜなら、人は、後から出てくるものに対して期待値を上げて接してくるからです。

結局のところ、良い条件、悪い条件、どちらを「後出し」にしても、好ましい結果にはつながらないのです。

デフォルト効果

default effect

人は「初期設定がいちばん」と思い、変更しようとしない

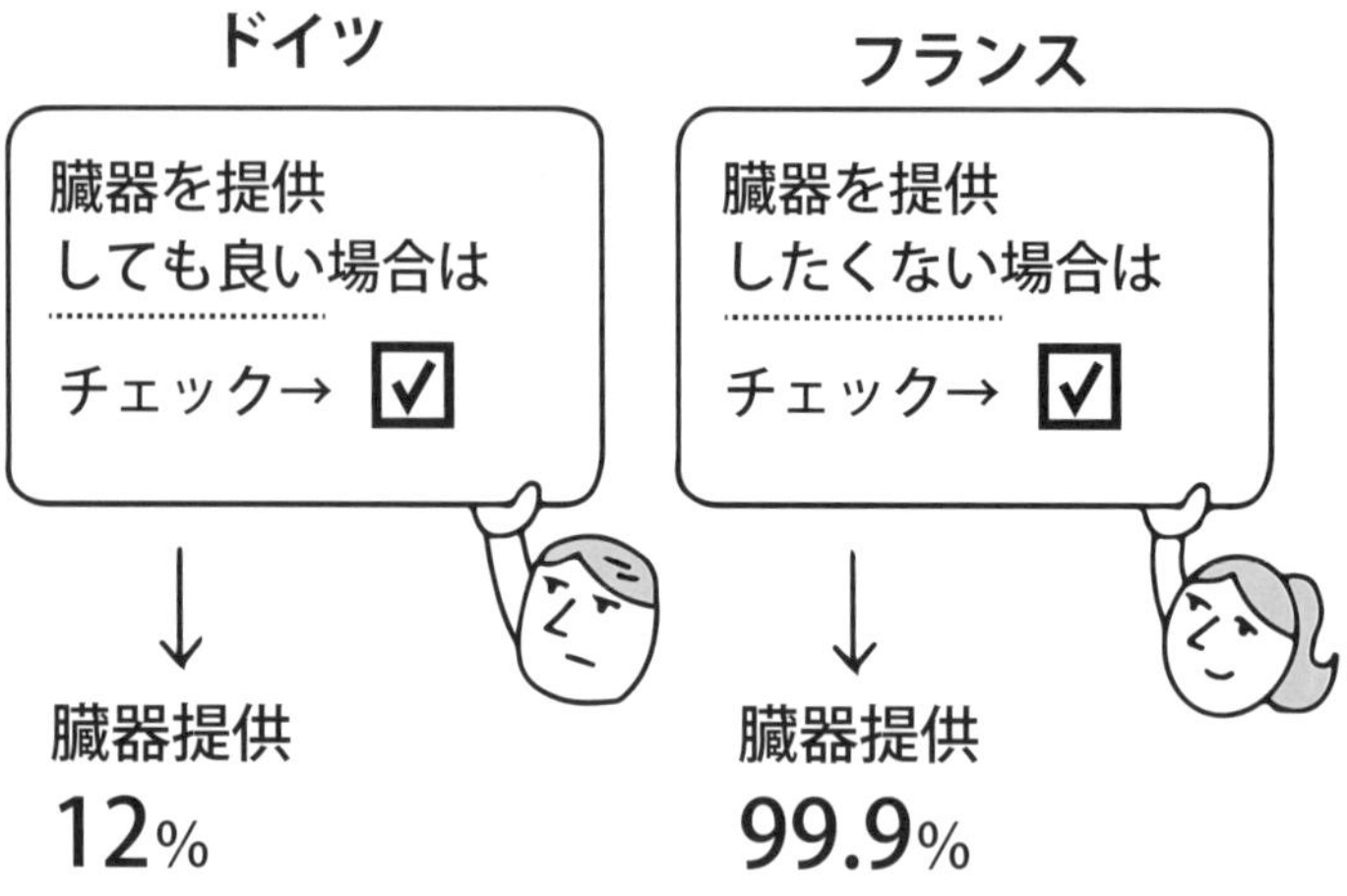

自分たちの希望・期待を
初期設定とすることで、
お客様を希望・期待のほうへ誘える。
それだけに十分な良心が求められる。

ドイツは12%、フランスは99・9%

「デフォルト」とは、コンピュータで、あらかじめ設定されている標準の状態・動作条件のことで、「初期設定」と訳されます。「デフォルト効果」とは、人間の意思決定や選択が最初の設定に影響される心理的傾向のこと。人は「最初にそういう設定がされたということは、企画者はそれがベストだと考えたのだろう」という意識が働き、**初期設定から変更したくない**のです。

これは非常に強烈な心理効果で、そのパワーを表す例としてドイツとフランスの臓器提供希望者の割合(2000年頃)の違いが挙げられます。臓器提供希望者の割合は、ドイツはわずか12%に対して、フランスは何と99・9%にものぼります。フランスの方が臓器提供に対する理解が進んでいたのでしょうか? 違います。ドイツの臓器提供希望カードには「臓器を**提供しても良い場合**はチェックしてください」、フランスのそれには「臓器を**提供したくない場合**はチェックしてください」と書かれていた。つまり、フランスの初期設定は「臓器提供する」だったため、その初期設定に従った……ドイツとフランスの劇的な割合の違いは、カードの一文の、**たった1箇所の違いだけ**だったのです。

希望「しない」場合はチェックを外させる

ビジネスでもさまざまな形で「デフォルト効果」が活用できます。例えば、商品を購入されたお客様に「メルマガを希望しない方はチェックを外してください」とするか、「メルマガを希望する方はチェックを付けてください」とするかで、購読者の割合は大きく変わります。**自分たちの希望・期待を初期設定とすることで、お客様を希望・期待のほうへと誘えます。**ただし、「自分たちは儲かる。でもお客様にとってはベストな選択とは言えない」という初期設定によって、その方向へお客様をひっそりと導くことも出来てしまいます。だからこそ初期設定をする側である企業には良心が求められます。

エイジングパラドックス

aging paradox

高齢者を不幸と見るのは大きな間違い

「老後に備えませんか？」よりも
「人生でやってみたかったことは何ですか？」という方が、
高齢者の心に届く。

人生の終わりに近づくにつれ幸福度はアップ

人は歳をとると幸福感が上がる——これを「エイジングパラドックス」と呼びます。「歳をとったら幸福感は下がるのでは？」と疑問に思う人が大半だと思います。そのため「矛盾＝パラドックス」と付いています。

「エイジングパラドックス」は昔からよく知られている、非常に興味深い人間心理です。高齢期には出来ないことも増えてきて、人生の終わりも見えてくるのに、それにつれて主観的幸福度が上がっていきます。これは実験からも明らかで、若年層、中年、高齢者に対して、ポジティブな記憶、ネガティブな記憶、中立な記憶の割合を調べたところ、高齢者はポジティブな記憶の割合が高いことがわかっています。

若者はネガティブ、高齢者はポジティブ

若者がネガティブな記憶を思い出してしまう割合が高いのは「失敗を繰り返してはいけない」という生物的本能によるもの、と脳科学的には考えられています。太古の時代、「獣の住処に足を踏み入れてしまう」といった「失敗」は「死」を意味していて、いまだにその名残があるわけです。それに対して高齢者は、若者ほど「失敗」を恐れなくて良くなり、良い思い出ばかりを脳に格納するようになっていきます。

また、「高齢者は残りの人生に対して過度な期待を持たなくなる」のも理由の1つです。日本では、キラキラしたモノや人にあふれた東京在住者の幸福度が、47都道府県中最下位だとか。若者と高齢者の場合も同じです。若い頃は他人と比べがちですが、出来ないことが増え、他人と比べなくなると、幸福度も上がるのです。

高齢者に対しては、「不安を取り除く」よりも「幸福度が増す」というアプローチが賢明です。「老後のために備えませんか？」よりも「人生でやってみたかったことは何ですか？　その夢をお手伝いできますよ」という方が、高齢者の方々の心にシンプルに届くのです。

Column 02

不快CMがあなたを追いかけてくる3つの理由

スマホを見るたびに、うんざりするような漫画の広告が追いかけてくる……そんな体験を誰しもしたことがあると思いますが、そこでは行動経済学に基づくマーケティング手法が存分に活用されています。

不快な広告が何度も流れてくる理由は主に3つあります。理由1は**「何度も見ていると好きになってしまうから」**。あれだけ不快だったCMも、何度も見ていると気になってしまうのです（19「単純接触効果」P60参照）。理由2は**「不快感こそが関心を引きつける最重要要因だから」**。人は不快に思うものに関心を寄せてしまうものだからです（18「認知的不協和」P58参照）。理由3は、行動経済学の概念からは少し外れますが**「炎上した方が儲かるから」**。現代は集めた注目の量が経済効果と比例しており、このような経済を「アテンションエコノミー」と呼びます。このような人間の心理構造により、不快CM/不快タレントの方が、関心を引けないコンテンツよりもはるかに成功しやすいのです。

著者YouTube「不快CMがずっと追いかけてくる理由を行動経済学で解説！」

第 3 章

組織と
人間関係のための
行動経済学

組織行動論や行動科学の用語も織り込み、
組織のマネジメントに有用な
用語を取り上げ、解説していきます。

メラビアンの法則

merabian law

うまくいくかどうかは、第一印象で9割決まる

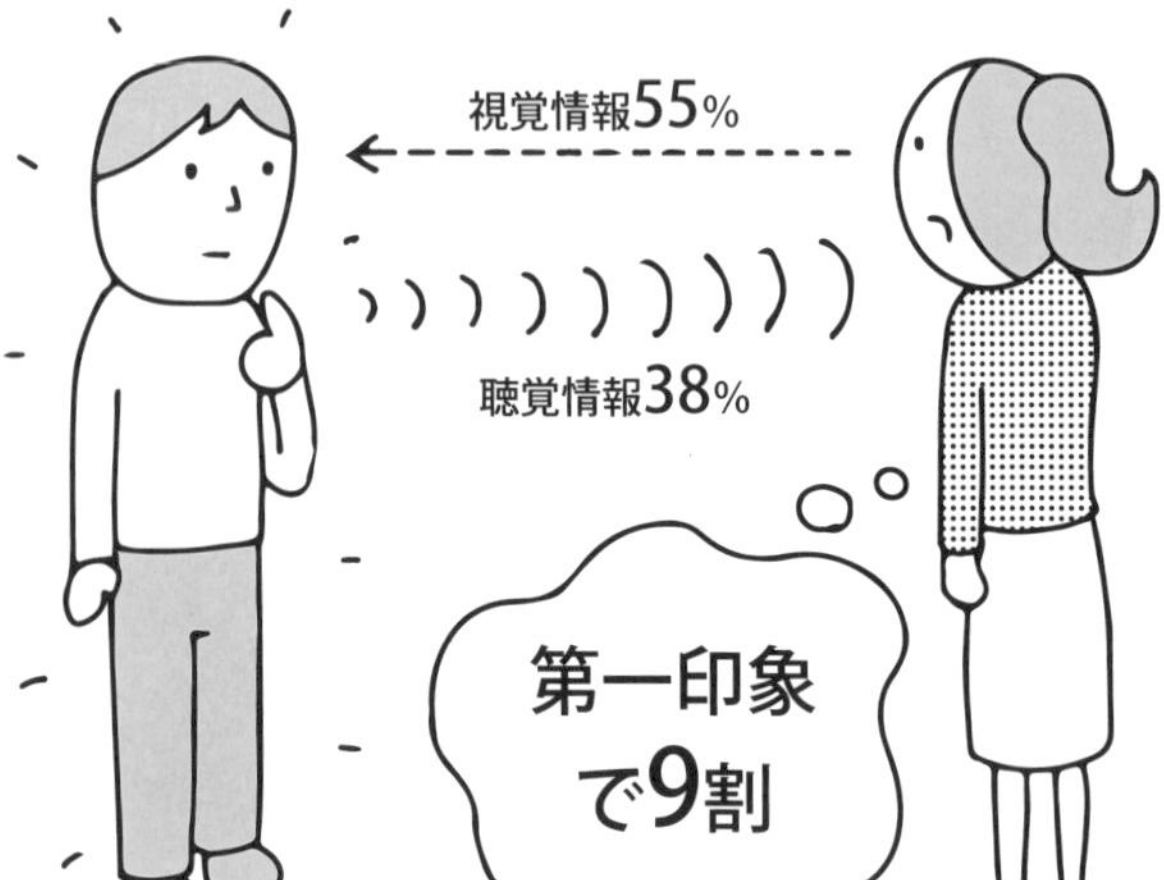

第一印象で損することは
避けよう。
第一印象で自分の
キャラクターを理解してもらおう。

視覚情報がもっとも信頼されている

「メラビアンの法則」とは、**「人同士のコミュニケーションにおいて、視覚情報が55％、聴覚情報が38％、言語情報が7％の割合で影響を与える」**というものです。1971年に心理学者のアルバート・メラビアン氏が提唱しました。視覚情報とは、見た目、しぐさ、表情、視線など。聴覚情報とは、声質、声量、口調、テンポなど。言語情報とは、言葉の内容や意味です。

「怒った顔で温かい言葉を口にしたとき、相手はどちらを信用するのか？」「笑顔で怒りの言葉を口にしたとき、相手はどちらを信用するのか？」といったケースをテストし、この結論を導いています。

なお、『人は見た目が9割』というベストセラーがありますが、これは視覚情報と聴覚情報の合計が93％、つまり醸し出す印象が9割を占めることを意味しています。営業の際に資料を読み上げている人がいますが、どんなに素晴らしい提案であっても、お客様には「読んでいるなあ」という印象しか与えていないので、絶対にやめるべきです。

「メラビアンの法則」を理解している芸能人

ここから学べるのは、**「第一印象で損することは避けよう」**ということです。まずは、身だしなみ。相手に不快感を与えない服装やふるまいを意識しましょう。私の場合、YouTube配信の際の衣装は変えてきましたし、無意識に鼻を触ってしまうクセをやめる努力もしてきました。また、**「第一印象で自分のキャラクターを理解してもらう」**ということも可能です。それがうまいのは芸能人。お笑い芸人の狩野英孝さんは白いスーツで「ラーメン、つけめん、僕イケメン」というギャグを繰り出しますが、掴みギャグと記憶に残る衣装で、第一印象でインパクトを与えています。

さて、あなたはどのような第一印象を与えているでしょうか？　この機会に、対人関係における第一印象の重要性をあらためて考えてみましょう。

カクテルパーティー効果

cocktail party effect

人は、自分の名前で呼びかけられたい

人に好かれる
六原則

- ●誠実な関心を寄せる
- ●笑顔を忘れない
- ●名前を覚える
- ●聞き手に回る
- ●関心のありかを見抜く
- ●心からほめる

「これをお願いできますか？」
「課長、これをお願いできますか？」
よりも「○○課長、
これをお願いできますか？」。

自分の興味関心がある話題は……

「カクテルパーティー効果」とは、たとえカクテルパーティーの会場のような騒がしい場所であっても、**自分の興味関心がある話題は自然と耳に入ってくる**心理効果のことです。自分が必要としている情報を、人の脳は無意識に選択できるのです。1953年にイギリスの認知心理学者コリン・チェリー氏によって提唱され、「音声の選択的聴取」などと呼ばれることもあります。

なお、「カクテルパーティー効果」の視覚版とも言える効果として**「カラーバス効果」**があります。「カラーバス」は「色を浴びる」という意味で、1つのことを意識することで、それに関する情報だけが自然と目に留まりやすくなる心理効果のことです。渋谷のスクランブル交差点の人の波の中で、自分の親友の顔をすぐに見つけられるのは、この「カラーバス効果」によるものです。

「人に好かれる六原則」の1つ

では、「カクテルパーティー効果」をビジネスの場でどのように活用すれば良いのでしょうか？　それは「名前で呼びかける」ということです。

『人を動かす』という世界的名著の作者デール・カーネギー氏が「人に好かれる六原則」を挙げています。その1つが**「名前を覚える」**です。名前というのは、その人にとって特別な関心を持つ情報です。ですから、温かく親しみのある声で、名前で呼びかけるという行為は、相手の幸せホルモンの抽出につながり、良い人間関係を築く上で非常に効果があるのです。「これをお願いできますか？」「課長、これをお願いできますか？」よりも「○○課長、これをお願いできますか？」の方が断然良いわけです。

「人に好かれる六原則」には、良好な人間関係を築くポイントがまとまっています。その他の項目も、ぜひ取り入れてみてください。

タッチング

touching

不安なときに手を握られると人は落ち着く

ねぎらいの言葉や
励ましの言葉をかけながらの
タッチングもオススメ。
ただし、相手との信頼関係は必要。

“幸せホルモン”「オキシトシン」が出る

「タッチング」とは、文字どおり身体接触のことです。医療や介護の場における重要な技術の1つとして捉えられています。

身体を優しく触れられると、脳の神経伝達物質「オキシトシン」が分泌されます。オキシトシンには、**不安やストレスを緩和する、痛みをやわらげる、脈拍や血圧を安定させるといった作用**があります。よく「赤ちゃんを抱いていると優しい気持ちになれる」と言いますが、これは“幸せホルモン”とも称される「オキシトシン」が分泌されるからです。手を握ってもらう、背中をさすってもらう……そういった行為で、人は安心できるわけです。選挙活動でも、政治家は有権者と握手をして回っていますよね？　それは「タッチング」によって相手にポジティブな感情を抱いてもらえることを知っているからなのです。

「タッチング」を行う際は、**「相手との信頼関係が構築されていること」「相手の許可があること」**の2つの条件をクリアしていることが大前提です。

肩、二の腕の上部あたり、背中などを軽く叩く

とはいえ、医療や介護といった場以外でのビジネスの現場で「タッチング」をすれば、セクシャルハラスメントと誤解されかねません。ここでは「タッチング」の解釈を少し広げ、ビジネスの現場で使えるレベルに落とし込む方法を考えてみましょう。

その1つが、**「ねぎらいの言葉や励ましの言葉をかけながら、肩、二の腕の上部あたり、背中などを軽く叩く」ということ。**現代のビジネスシーンにおいて、肩、二の腕の上部あたり、背中などであれば、おそらく身体接触が許されるのではないかと思いますし、これは人間関係を良好にする上で非常に効果がありま す。ただし、相手との信頼関係がしっかりと構築されていて、かつ相手の同意のある状況であることが大前提となります。

返報性

Reciprocity

好意を示せば好意が、敵意を示せば敵意が返る

①好意の返報性

②敵意の返報性

③譲歩の返報性

④自己開示の返報性

相手に見返りを求めず、
マネタイズを急がない。
それらがビジネスを
成功に導くためのポイント。

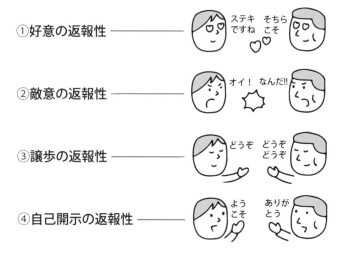

化粧品売り場での無料お試しメイク

「返報性」とは、相手に何か借りを作るとお返しをしなくてはいけないと感じる人間の性向を指しています。営業パーソンの間では「ギブ・アンド・テイク」ならぬ「ギブ・アンド・ギブ」として知られています。

ビジネスの現場でも「返報性」は活用されています。例えば、化粧品売り場でビューティーアドバイザーさんがお試しメイクをしてくれる。無料なのでそのまま立ち去ることもできるわけですが、**「こんなにやってもらってタダじゃ申し訳ない」**という気持ちになり、大半の人が商品を購入していきます。あるいは、温泉街での温泉まんじゅう。お店の人は道行く人にタダでおまんじゅうを手渡していますが、旅行客は**「おいしいものをタダで食べさせてもらったままじゃ悪いな」**という気持ちになり、宿への帰り道などでこのお店に立ち寄り、温泉まんじゅうその他のおみやげを買っていくのです。

「好意」だけではない　4つのパターンがある

「返報性」を活用する際に覚えておきたいのは「返報性は『好意』だけではない」ということ。具体的には、**「好意の返報性」**(好意を示せば相手も好意で返してくれる)、**「敵意の返報性」**(敵意を示せば相手も敵意で返してくる)、**「譲歩の返報性」**(自分が譲歩すれば相手も譲歩してくれる)、**「自己開示の返報性」**(自己開示すれば相手も開示してくれる)の4つがあり、自身の行動はブーメランのように返ってくるのです。

ビジネスを成功に導く第1のポイントは、**「相手に見返りを求めない」**ということ。「お客様の喜ぶ顔が見たい」という気持ちで行動しましょう。第2のポイントは、**「マネタイズを急がない」**ということ。たとえ自分の会社の利益につながらなくても、お客様が求めているのであれば、その方法や人を提案してあげる……といった行動が重要です。それらがやがては大きな実りとなり、あなたに返ってくるはずです。

ステレオタイプ

Stereotype

「A型は」「大阪人は」人はタイプ分けが好き

あなたや、あなたの会社の
商品サービスはいったい
どんな「ステレオタイプ」で
見られているだろうか？

性差別やトラブルの原因にもなっている

「ステレオタイプ」とは、多くの人に浸透している固定観念や思い込みのことです。アメリカの著作家、ジャーナリスト、政治評論家であるウォルター・リップマン氏が１９２２年に発表した著作『世論』の中で提唱した概念です。

日本で典型的な「ステレオタイプ」の代表例は、「血液型による性格の違い」（A型は几帳面）や「県民性」（大阪の人は面白い）などです。本来は人それぞれ１人ずつ違うはずなのに、**「～と言えば～」という固定化された観念や思い込みで、相手をタイプ分けしようとしてしまう**のです。

その結果、時として「男性なのに～だ」「女性なのに～だ」といった無意識の性差別を生んだり、「アメリカ人は～だ」「日本人は～だ」といった人種や国民性の決めつけがトラブルを生んだり……といったことにもつながっています。

良い方向に逸脱すれば印象を高めてくれる

「ステレオタイプ」は非常に強烈なものなので、私たちは**「自分は周りの人から〝ステレオタイプ的〟にどう見られているのか？」を念頭に置いて行動する必要**があります。例えば「保険の営業パーソン」と聞くと「人々が思わず身構える」という「ステレオタイプ」があるのならば、「相手がそのとき思い浮かべている『保険の営業パーソン』はどんな姿をしているのか？　どのような身なりや会話をすれば、相手に身構えられずに済むのか？」を考えた方が良いでしょう。

「ステレオタイプ」は、良い方向に逸脱することで、印象を高めてくれる可能性があります。「寡黙な印象のある九州男児なのに奥さんとマメにコミュニケーションをとっている」といった具合です。あなたや、あなたの会社の商品サービスは、どんな「ステレオタイプ」で見られていますか？　そこから良い方向へと逸脱することは可能でしょうか？

ホフステードの6次元モデル

The 6 dimensions model of national culture

6つの切り口をもとに「国民性」を理解する

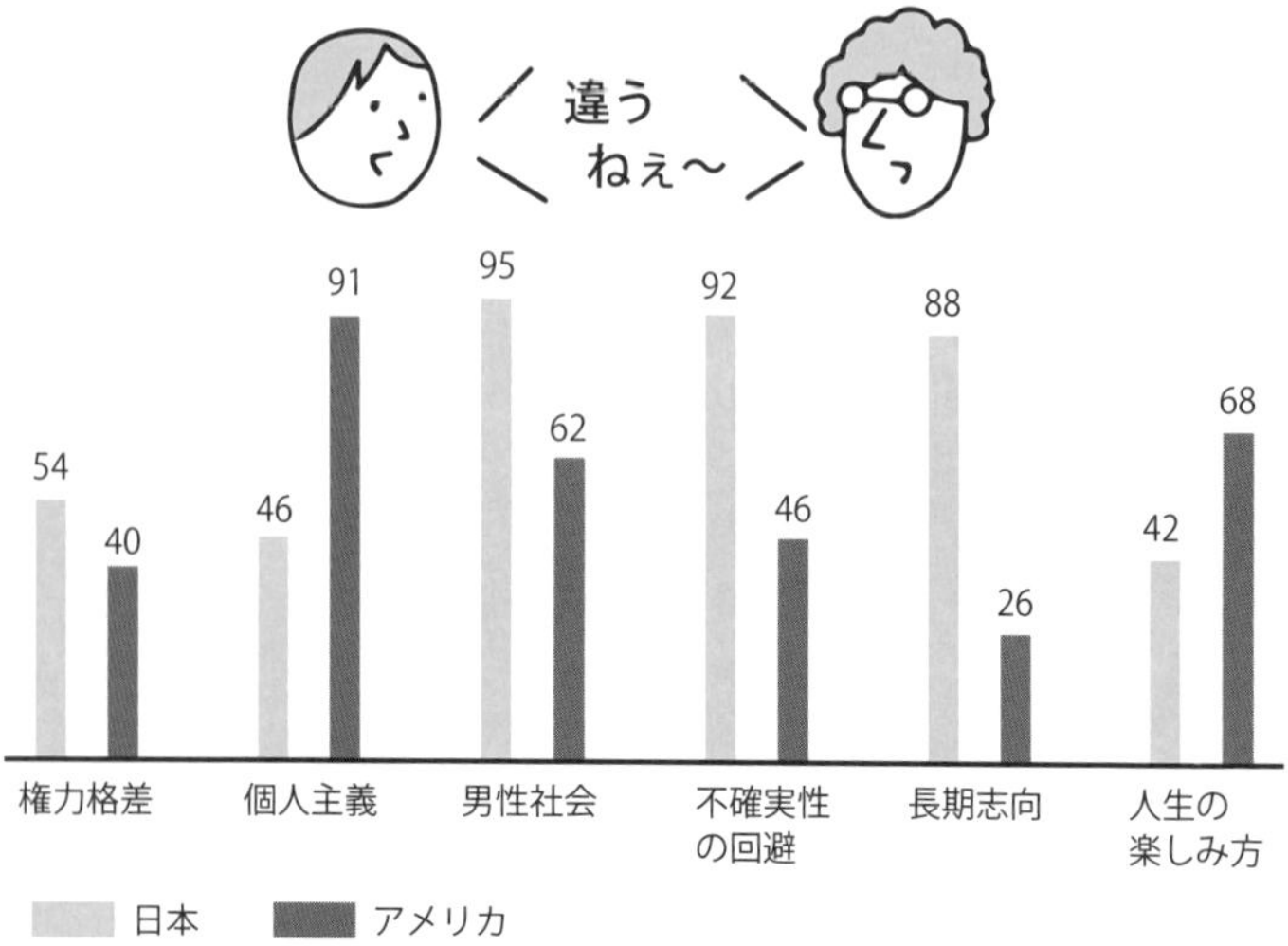

Compare countries – Hofstede Insights（https://www.hofstede-insights.com/country-comparison-tool）より著者作成（データ取得：2023年9月）

「こういう『国民性』なんだな」と
事前に把握しておくことで、
コミュニケーションが
よりスムーズになることもある。

異文化理解を促進するツール

「ホフステードの6次元モデル」は、オランダのマーストリヒト大学で組織心理学・人類学の教鞭を執り、「文化と経営の父」と呼ばれているヘールト・ホフステード氏が提唱したもので、世界的企業であるIBMから依頼を受け、「世界各地の拠点の人たちの『国民性』（それぞれの考え方や価値観）を知りたい」というところから研究が始まったようです。

研究当初は**「権力格差」「集団主義／個人主義」「男性性／女性性」「不確実性の回避」**の4つの切り口（次元）でしたが、後に**「短期志向／長期志向」「人生の楽しみ方」**の2つの切り口（次元）が加わって「6次元モデル」となっています。各国の膨大な人数の調査をもとに算出された数値で、異文化理解を促進するツールとして使われています。

「ホフステードの6次元モデル」に関しては「hofstede-insights.com」というサイトの「Country comparison tool」というページで各国の指標を見ることができ、最大4ヵ国まで同時閲覧が可能です。

日本とアメリカの違いが浮き彫りに

では、P120の図の「6次元モデル」で日本の指数を見てみましょう。日本は**「男性社会」**（スコア95）であり、**「不確実性の回避」（予測不能なことにストレスを感じる）が高い**（スコア92）ことなどがわかります。右側のグラフはアメリカのものですが、こうして比較してみると、アメリカは**「個人主義」**（スコア91）であり、**「長期志向」が低い**（スコア26）ことなどが浮き彫りになってきます。

業種業界によっては、たくさんの外国人の同僚がいる職場もあるでしょう。その人たちの出身国の指標を見て、「こういう『国民性』なんだな」と把握し、「こちらが当たり前と思っていることが当たり前じゃない」と事前に理解しておけば、お互いのコミュニケーションがよりスムーズになるはずです。

グループ・シンク

Groupthink

人は周りを真似て
同じ行動をとろうとする

職場の多様性の促進、
外部有識者による監視などの工夫で
「悪い方向に進んでいないか?」の
チェックが必要。

「人を真似る」は生物的本能

人間は、集団になると他者を真似る傾向があります。集合写真撮影の際、誰かがピースをすれば他の人も一緒にピースをする。それが人間というものです。

生物は集団の中で同じ行動をとろうとする――これは生物としてのＤＮＡに組み込まれています。同じ方向に泳ぐイワシや、群れで移動するヒツジは、「思考エネルギーをできるだけ使わずに済むため」「悪目立ちして外敵に襲われないようにするため」といった**生存本能に基づく理由で、同じ行動をとっている**のだと考えられています。

このような心理傾向を「グループ・シンク」と呼びます。類似の用語として「グループ・ダイナミックス」というものもあります。

「グループ・シンク」は生物の本能に基づく行動ですから、「自我が無い」「意思が無い」と批判されるべきものではありません。

全員でミスる危険性がある

ただ、その一方で、**「集団でミスをする」「全員で誤った方向に進んでしまう」といった危険性**があることは頭に入れておきたいところです。

例えば、会議などで、声の大きい人、立場の強い人が「こっちに行くぞ」と言ったとき、他の人たちに「これって大丈夫なのかな？」というセンサーが働かないことがあるわけです。動物で言えば、シャチが待ち構えている海に1匹のペンギンが飛び込んでしまったにもかかわらず、次々とペンギンが飛び込んでいく……という状況です。

そのような事態を避けるためには「グループ・シンクによって悪い方向に進んでいないか？」をチェックできる環境や仕組みを作っておくことが大切なのです。集団が同質的になると、チェックは難しくなります。だからこそ、職場の多様性を促進したり、外部有識者の目を入れるなどの工夫が必要です。

同調効果

entrainment effect

人は、正しさよりも
集団の和を重視する

同調圧力の強い職場に
ならないようにするためには、
多様性を意識した採用や
組織編成を行う必要がある。

約3人に1人は、周囲の誤答に同調

「同調効果」は、49「グループ・シンク」(P122参照)がもたらす人間固有の心理です。周囲に合わせて、無意識に自分の考えや行動を同調してしまう心理効果のことです。

「同調効果」を示す例として「アッシュの実験」があります。P124の2つの図について、「図1と同じ長さのものはどれですか?」と聞きます。1人ひとりが回答したケースでは、ほぼ100%の人が「A」と回答しました。ところが、被験者が大人数で、**1人を除いてその他全員がサクラ**(**間違いの「B」と答える人たち**)**だった場合、正答率は63%**まで下がりました。つまり約3人に1人は、周囲の誤答に同調してしまったのです。なぜでしょうか? それは、私たち人間が社会的動物だからです。高度に発達した頭脳が他の生物種には無い働きをし、「正しさよりも集団の和を重視する」という人間固有の思考が働くわけです。

日本企業では同調圧力が働きやすい

この「同調効果」は、心理学用語では「同調効果」「同調現象」と表現され、社会学用語では「同調圧力」と表現されます。そして同調圧力が働きやすいケースも、過去の研究から明らかになっています。「皆が同じ考え方をしている」「皆が自分の正しさに確信を持てない」「皆が他人に嫌われたくない」「似たもの同士の集団である(教育水準、文化、年齢など)」といった条件のときで、同質性の高い日本企業では同調圧力が非常に働きやすいと指摘されています。

同調圧力の強い職場にならないようにするためには、**多様性を意識した採用や組織編成を行う必要**があります。例えば「我が社の社風に合う人材」という見方で新入社員を一括採用すれば、同質性は高くなってしまいます。敢えて「我が社にはこれまでいなかったタイプ」を「中途採用で採用」し、「ベテラン社員と組ませる」といった工夫が求められるでしょう。

群集心理

crowd psychology

誰かのパニックが、
集団に感染していく

群集心理は、力強く、暴力的。
人々の理性の働きを回復させて、
とにかく落ち着かせる
ことが大切になる。

過度の緊張、過度の危険、過度の不安

1つの場所に多くの人が集まることを「群集」といいます。「群集心理」は、群集の一員となったために生じる心的特性で、「集団心理」とも表現されます。イタリアの社会心理学者S・シゲーレ氏とフランスの社会心理学者ル・ボン氏の主導で研究が行われました。

「群集心理」は、49「グループ・シンク」、50「同調効果」のさらに加速した状態という位置づけ、つまり集団がパニックに陥ってしまう状況を指しています。震災や戦争など、過度の緊張、危険、不安にさらされた状態で、誰かがふと発した言葉に多くの人が「それだ!」と飛びつき、**集団全体で正常な思考が機能せず、全員で誤った方向へ大きく動いてしまう**のです。

アメリカの社会学者R・H・ターナー氏は「感染説」を唱えています。誰かのパニック状態を目にした人が、そのパニック感情に〝感染〟していくという説です。ライブ会場で観客が失神したり、イベント会場で将棋倒しが起こったり……も「群集心理」によるものです。

群集心理を起こさせないこと!

「群集心理」は、雪崩のようなもので、力強く、暴力的です。ですから、もしも人々が群集心理に陥りそうな気配があったら、「冷静に」「落ち着いて」などの言葉がけでとにかく落ち着かせることが重要です。W杯予選の日本戦の日に、渋谷のスクランブル交差点で拡声器片手に落ち着かせているDJポリスは好例です。

また、**日常においても、お客様や部下を強いストレスにさらせば、状況によっては、1人のパニックがきっかけとなって群集心理が起こる危険性**が十分あり得ます。人々を群集心理に陥らせないために大切になるのは、理性の働きを回復させること。ハッとさせる映像で啓発したり、雰囲気にそぐわない音楽を流したり……。先ほどのDJポリスも、その典型です。びっくりさせることで、一度パニックを止める。そして、正気にもどさせるのです。

現状維持バイアス

status quo bias

人は現状を肯定する生き物である

「合理的に考え続けてきた結果、
今がある」と現状維持派は考える。
改革したいなら、その合理性を
上回るデータを示して説得しよう。

人が現状維持にこだわる2つの理由

「現状維持バイアス」とは、現在の状況より好転するとわかっていても、変化を避け、現状維持を選ぶ心理特性を指します。

では、なぜ人は現状維持を選ぶのでしょうか？　主に2つの理由があると考えられています。

1つめは、**「過去へのとらわれ」**です。私たち人間は、過去の積み重ねの結果、今ここにいます。「個性」とはすなわち「連続した過去」であって、自らの個性を確立するということは、「過去を正当化する」ということに他なりません。組織においては、創業理念、企業沿革といった形で「良き過去」が継承・共有されていき、「維持しよう」という意識がより高まります。

2つめは、**「現状がベストと言える理由はいくらでも見つかるから」**です。例えば、「私たちはモノづくりの会社だから」「ここが創業の地だから」など、「なぜ現状の形をとっているのか？」という問いに対しては、いくらでも合理的な説明がつけられるため、肯定するのはたやすく、否定するのが難しいものなのです。

組織を改革する際に大切なポイント

「現状維持バイアス」は、個人において強く働き、集団となるとさらに強烈なものになる傾向があります。

では、集団に対して改革を働きかける際には、いったいどうすれば良いのでしょうか？

まずは**「人は現状を肯定する生き物なので、現状を変えるためには相当なエネルギーが必要となる」**ということを自覚することです。その上で、**数字などで論理的に「私たちが今変わらなければならない理由」をいくつも示しながら、説得**するしかありません。感情的に「ダメだ」「マズい」と訴えても、現状維持派は「合理的に考え続けてきた結果、今がある」と考えているのですから、過去をいたずらに否定せず肯定した上で、その合理性を上回るデータを示すしかないのです。

予言の自己成就

self-fulfilling prophecy

「〜しそう」と想像すると本当にそうなる

自分たちの望む光景や
自分たちが幸せを感じられる光景。
ポジティブな場面を想像すれば、
そこを目指して人は動き出す。

「将来は暗い」と思うと本当に暗くなる

「予言の自己成就」とは、根拠のない噂や思い込みであっても、人々が「それが本当に起こりそうだ」と考えて行動すると、事実ではなかったはずの状況が本当に実現してしまうことを指しています。アメリカの社会学者ロバート・K・マートン氏が提唱しました。

簡単に言うと「自分がイメージしたことや発した言葉は〝予言〟として実体化してしまう」ということです。なぜか？　人間の脳は、**それが良い状況なのか悪い状況なのかは関係無く、脳内でイメージしたことをとにかく実現させようとして身体に指示を出す**からです。「あの人とはいつかモメそう」と思っていたら本当にモメるし、「この製品は売れる気がしない」と思っていたら本当に売れない……といった感じです。

社会でも「予言の自己成就」の例は多数見られます。「あの銀行は経営が悪化しているのではないか？」と多くの人が思い始めたら、取り付け騒ぎが起こります。また、「我が国の将来は暗いのではないか？」と思ったら、本当に悲観的な方向へと進んでいくわけです。

「成功後の光景」をイメージするだけ

では、どうすれば良いのでしょうか？

答えは非常にシンプルです。「自分たちの望む光景」「自分たちが幸せを感じられる光景」など、**ポジティブな場面を想像すれば良いだけ**です。資格試験であれば、「試験に合格し、その資格を駆使して生き生きと働いているようす」をありありと想像する。チームのプロジェクトであれば、「プロジェクトが大成功し、お客様やチームメンバーとともに大喜びしているようす」を具体的に想像する。すると、**それがゴールイメージとなり、人はそこへ向かおうとする**のです。「え、そんな簡単なことで？」と思うかもしれませんが、高度に発達し、集団でイメージを共有できる脳を持つ人間だからこそ可能なのです。ぜひ有効活用してみてください。

モティベーション

motivation

「働く動機」の研究成果は、時代によって変わってきた

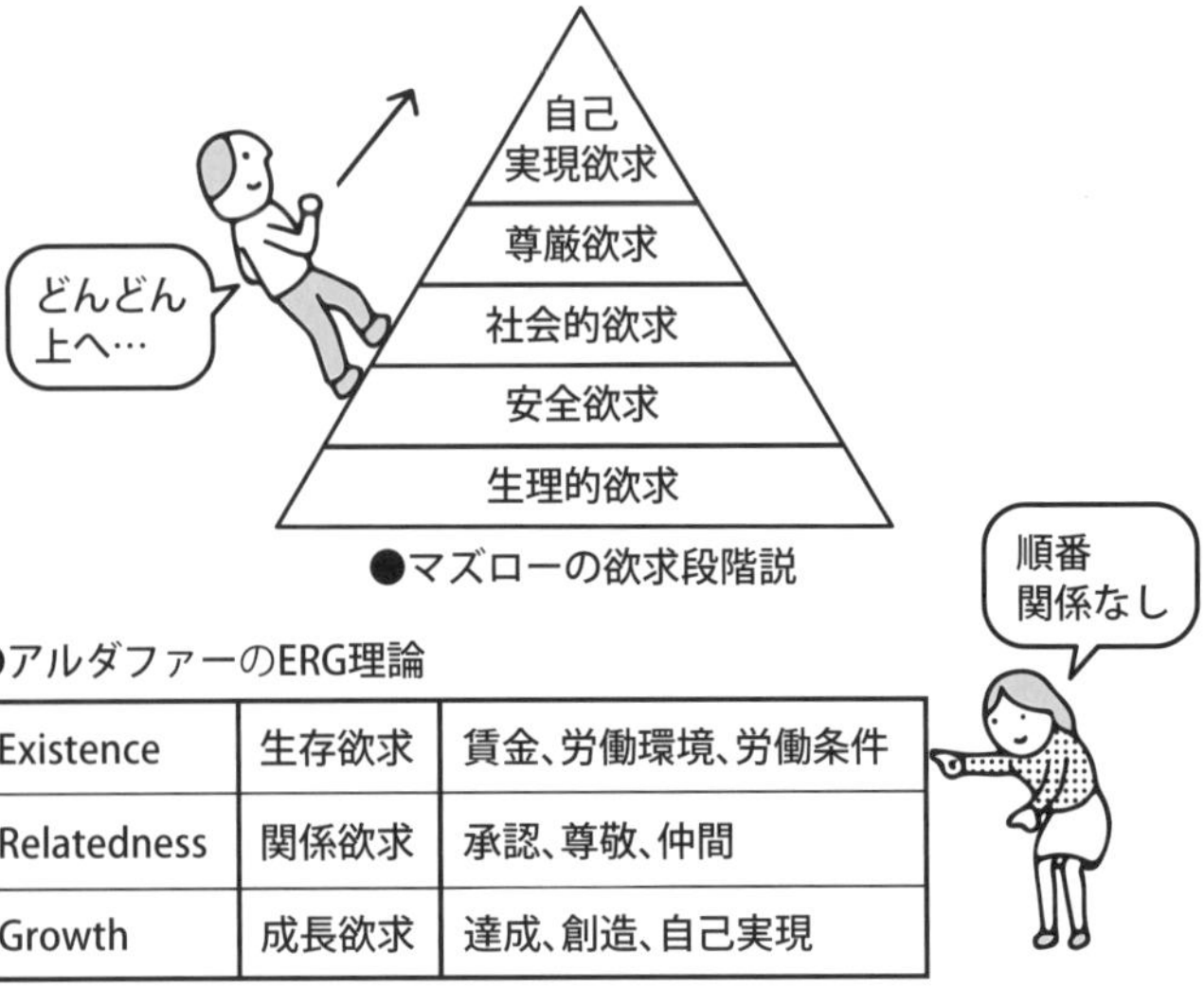

●マズローの欲求段階説

●アルダファーのERG理論

Existence	生存欲求	賃金、労働環境、労働条件
Relatedness	関係欲求	承認、尊敬、仲間
Growth	成長欲求	達成、創造、自己実現

「1人ひとりがそれぞれ
異なる働く動機を持つ時代」
になったことを、
まずは認識しておこう。

初期の大きな成果は「マズローの欲求段階説」

「チーム作り・組織マネジメント」のカテゴリーの序盤では、経営学分野の「組織行動論」「行動科学」に関する用語も取り上げて解説します。経済活動における人の心理を理解する上で重要だからです。

まずは「モティベーション」です。**人が何かしらの目標に向けて行動するための「動機」となるもの**です。人は高度に発達した心理を持っており、組織の中である行動を実現できるかどうかは「その人がその行動をとりたいと動機づけられているか?」によります。動機は経営学分野における100年来の研究課題でした。初期の大きな研究成果は「マズローの欲求段階説」(P132図参照)で、世界で最も有名な社会科学の学説の1つと言われています。20世紀には企業は「マズローの欲求段階説」に沿って社員の欲求をいかに満たすかを考え、「働き方のデザイン」として提案してきました。ただし、現在は過去のものとなっています。

働く動機は1人ひとりで異なる

「マズローの欲求段階説」をさらに進化させたものが、アルダファーの「ERG理論」です。「Existence(存在)」=仕事や生活の環境をより良くしたいという欲求、「Relatedness(関係性)」=コミュニティをより良くしたいという欲求、「Growth(成長)」=自分自身をより成長させたい欲求の3つから成っています。マズローが「人は低次な欲求から満たそうとする」と考えたのに対し、アルダファーは**「低次欲求を満たしていなくても高次な欲求が活性化することがある」**としたところが両者の大きな違いです。

現代は、1人ひとりがそれぞれ異なる働く動機を持つ時代になりました。皆さんが良い組織を作ろうと考えているのであれば、アルダファーの「ERG理論」や、次項55「自己決定理論」(P134参照)をベースに、社員1人ひとりの動機を解明していくと良いのではないでしょうか。

自己決定理論

self-determination theory

自分で決定するからこそ、人はやる気になれる

〈自己決定理論(SDT)〉

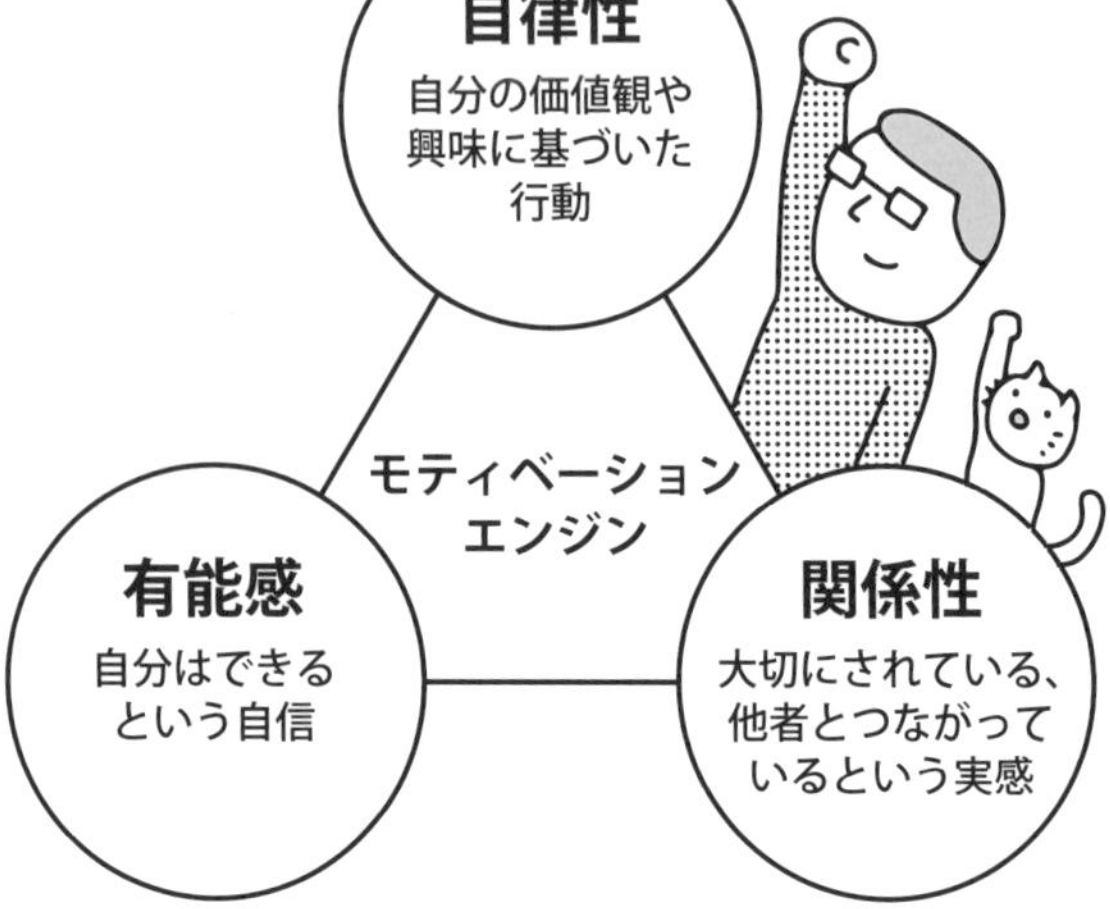

マネジメントサイドは
「自分で決める環境」を提供しよう。
働く人の動機は強くなり、
仕事への満足感・納得感は高まる。

「欲求段階説」や「ERG理論」への批判

前項の54「モティベーション」（P132参照）で「欲求段階説」や「ERG理論」について触れましたが、20世紀の後半に行動科学の分野から**「モティベーション研究は科学的再現性に欠ける」という批判**が起こりました。批判の理由は大きく3つ。1つめは「そもそも一般理論は創れないはずだ」という批判。人の動機は究極的には1人ひとり異なるのだから、理論構築は無理だろうというわけです。2つめは「自己実現などという言葉で人間を『きれいで高尚な存在』と見なしすぎていないか？」という批判。モテたい、見せびらかしたいといった、もっと直接的で生々しく本能的な動機で人は行動しているのではないかというのです。3つめは、『時と場合による』という現実が加味されていない」という批判。お金などいらないと思うこともあれば、お金が欲しいと思うこともある。コロコロ変わるのが人の心じゃないかというわけです。

構成要素は、自律性、有能感、関係性の3つ

このような批判が起こった後、リアリティを追求する形で、人の動機の研究は発展を遂げます。そして1985年に登場したのがアメリカの心理学者エドワード・デシ氏とリチャード・ライアン氏が提唱した「自己決定理論」です。「人に決定されるより自分で決定する方が動機は強く、行動は強靭となり、創意工夫の多いものとなる。行動の結果も、成否にかかわらず満足感・納得感が高まる」という考え方で、構成要素は、自律性、有能感、関係性の3つであると説いています。現在のところ**「モティベーションの決定理論」**と考えられています。

かつて指導者や管理職は「管理をする人」でした。けれども現在は「1人1人の自律をサポートする人」へと役割を変えてきており、そのようなサポーター的立場で関わる指導者が、ビジネスでもスポーツでも成果を挙げています。

アンダーマイニング効果

Undermining effect

誤った外発的動機の提示が、人のやる気をそぐ

何でもかんでも金銭的報酬に
ひもづけるべきではない。
また、結果よりも過程の評価を
重要視すべきである。

自分はただやりたくてやっていたのに……

「アンダーマイニング効果」とは、達成感や満足感を得るために主体的に行動しているときに、外発的な動機が与えられると逆にやる気がなくなること**「も」**あるという、非常に興味深い人間心理のことです。例えば、子どもが「お母さんの役に立ちたい」と思ってお手伝いをしていたのに、**「手伝ってくれるたびに100円あげるね」と言われてしまい、目的が「お駄賃をもらうこと」に変化してしまい、急にやる気がなくなってしまった**……というケースは、「アンダーマイニング効果」の典型例です。

ただし、ここで経営サイド、マネジメントサイドの人たちが非常に注意しなければならないことがあります。それはこの心理効果につけ込み、悪用すれば「やりがい搾取」「ブラック労働」になる危険性があるからです。「本人が楽しくやれているんなら給料は安くてもいいよね」「早く一人前になりたいんだから、タダ働きでいいよね」は絶対的な誤りです。私が「も」とわざわざカッコつきで書いたのはそのためです。

主体的にコントロールした過程を評価する

では、これをビジネスで活用する上で、マネジメント層はどんな点に注意すれば良いでしょうか？

1つめは**「何でもかんでも金銭的報酬にひもづけるべきではない」**ということ。作業項目を細かく分解し、「これが出来るようになったら○円アップ」という形で時給や手当を算出する企業もあるようですが、すべてを外発的動機にすることで、社員のモティベーションを下げているかもしれません。2つめは、**「結果よりも過程の評価を重視すべき」**ということ。結果そのものは自らコントロールできませんが、行動は主体的にコントロールできます。部下が「成果に結びつく行動」をとっていたら、上司が「よく頑張っているね」と声をかける。そのひと言が、部下の主体性を促すでしょう。

ジョブクラフティング

Job crafting

働く理由、人間関係、仕事の形 3つの層に分けて整えていく

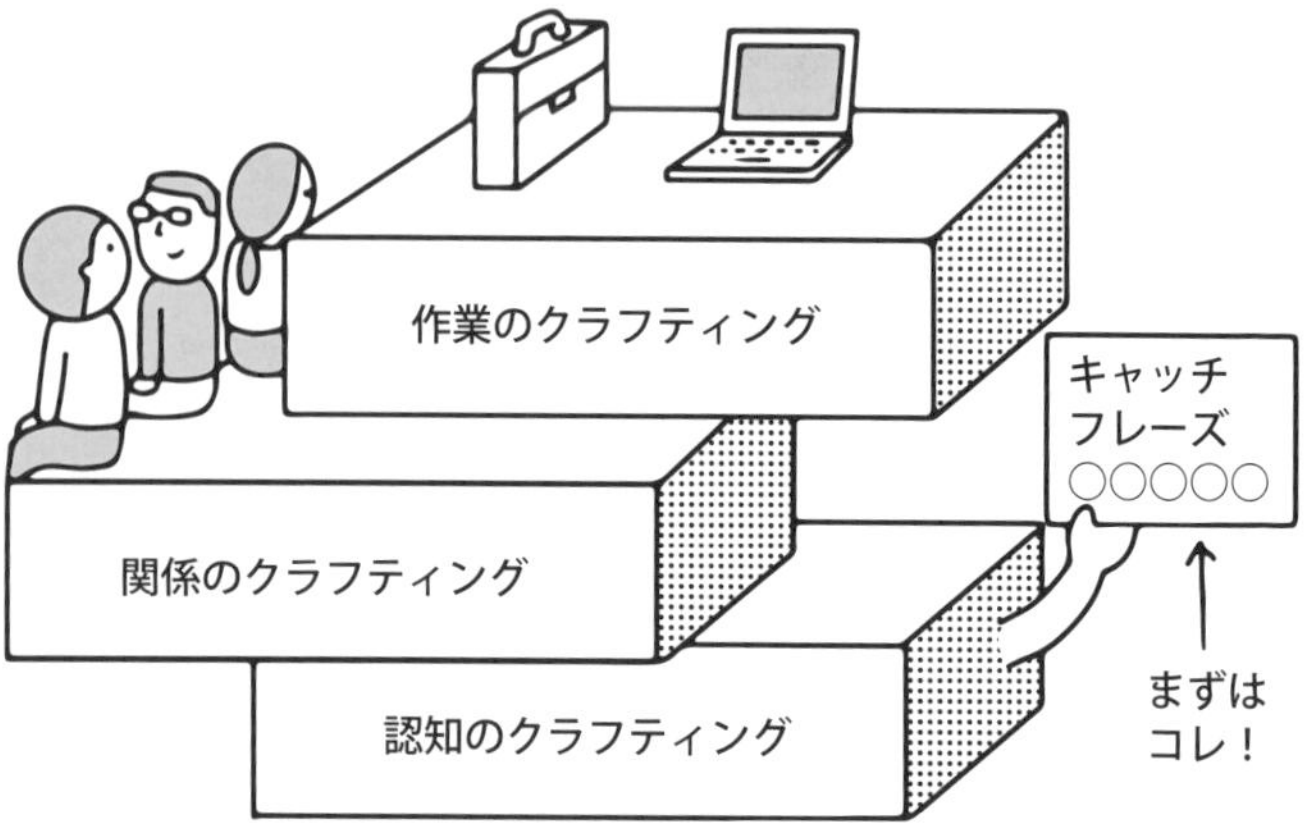

最も大事なのは、
「認知のクラフティング」。
自分自身の「働く理由」を
キャッチフレーズにしてみよう。

モティベーション理論の究極形

「ジョブクラフティング」とは、働く人が自ら仕事に対する認知や行動を変えることで、やりがいを感じない仕事をやりがいのあるものへと変える人事教育の手法です。前出の55「自己決定理論」や56「アンダーマイニング効果」を踏まえ、職場で実行可能なものに落とし込んだものが「ジョブクラフティング」です。マズローの「欲求段階説」から始まるモティベーション理論の究極形と考えられています。

「ジョブクラフティング」と聞くと、「仕事の裁量権を持って自由に設計しましょう」という意味かと誤解してしまいそうですが、生産性を上げる手法でもイノベーションを起こす手法でもなくモティベーションを上げるための手法であって、「自分の働く動機が高まるように、働く理由から自分の仕事の形までクラフト(手作り)しましょう」というのが本来の意味。**「働く理由から」というところが重要なポイント**です。

作業、関係、認知の3つの層がある

「ジョブクラフティング」では、「作業のクラフティング」「関係のクラフティング」「認知のクラフティング」という3つの層があると考えます。そして、**この3つを整えることによって、自分の動機に沿った、自分の仕事を作っていこう**というわけです。

私の場合を例に挙げます。「作業のクラフティング」では「職場で豆を挽いてコーヒーを淹れる」「お気に入りのパン屋さんでパンを買って出勤する」などのひと工夫です。「関係のクラフティング」では、「一緒に働いていて幸せだと思える人としか付き合わない」を大事にしています。「認知のクラフティング」では、「アカデミーの力を、社会に。」をモットーに、自分自身の「働く理由」を定義しています。

この中で最も大事なのは「認知のクラフティング」です。**1人ひとりが自分自身の「働く理由」をキャッチフレーズにしてみる**ことをオススメします。

パーパス

Purpose

人は働く理由や存在意義を求めたがる生き物である

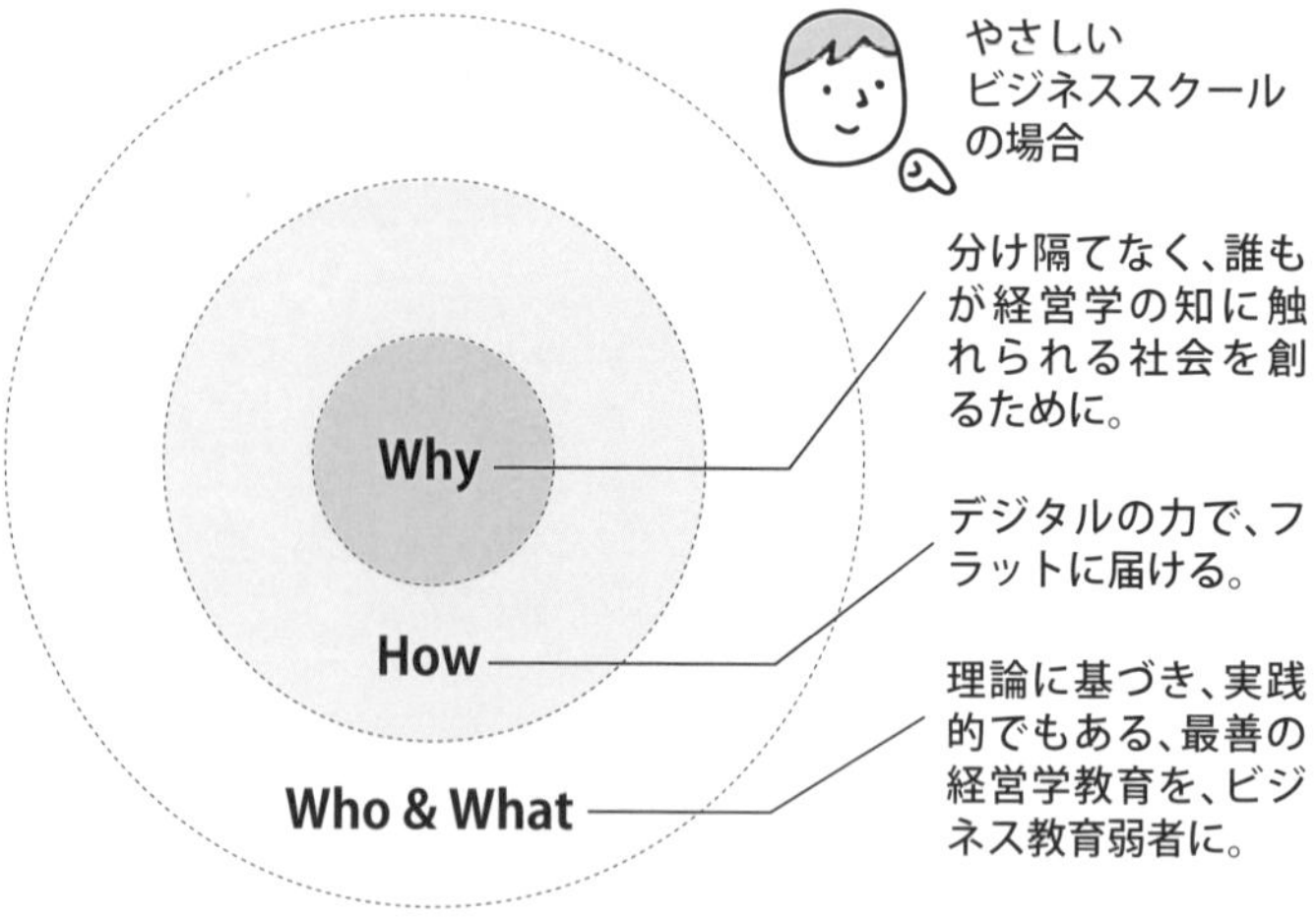
やさしい
ビジネススクール
の場合
分け隔てなく、誰もが経営学の知に触れられる社会を創るために。
Why
デジタルの力で、フラットに届ける。
How
理論に基づき、実践的でもある、最善の経営学教育を、ビジネス教育弱者に。
Who & What

〈サイモン・シネックのゴールデン・サークル〉

「この会社で働く意味や理由」を、企業は社員に与えてあげることが重要。企業や部門の「パーパス」を作成してみよう。

人は意味や理由を「与えられる」のも嬉しい

「目的」「目標」などと訳される「パーパス」ですが、近年ビジネスの場では、**企業の社会的な存在価値や社会的意義を意味する言葉**として使われています。

「パーパス経営」は、行動科学的にとても重要視されています。前出の57「ジョブクラフティング」（P138参照）は「働く理由」を1人ひとり**自分でクラフト（手作り）する側面が重要**だと提唱していますが、その一方では**会社や職場の上司から「会社や部門としての事業目的＝パーパス」を与えられることも人の行動に大きな影響**を及ぼします。手作りした理由や意味か、与えられた理由や意味か、両者の違いはありますが、いずれにしても人間が、働く理由や存在意義を求めたがる生き物であることは間違いありません。

「ゴールデン・サークル」を活用する

「パーパス」は、世の中に対しては存在意義や戦略を示すものとなり、社員に対しては求心力の核となります。経済学者のアルフレッド・マーシャル氏は「冷静な頭脳と温かい心を持て」という名言を残しましたが、その両面を担ってくれるものなのです。

では、企業の「パーパス」は、どのようなプロセスで定めると良いのでしょうか？

アメリカの起業家であり思想家のサイモン・シネック氏が著書『ＷＨＹから始めよ！　インスパイア型リーダーはここが違う』で提唱した**「ゴールデン・サークル」の活用**をオススメします（Ｐ１４０の図参照）。まず**「Why」**で「企業の存在意義」を定義し、次に**「How」**で「どのように活動するのか」を定義します。３つめの輪は原著では「What」となっていますが、私は**「Who & What」**として「誰と何をするのか」を定義することをオススメします。

参考までに、私の「パーパス」を掲載しています。ぜひあなたの企業、あなたの部門の「パーパス」を作成してみてください。

エンダウド・プログレス効果

Endowed Progress Effect

“前に進んでる感”があると、人は目標に到達したくなる

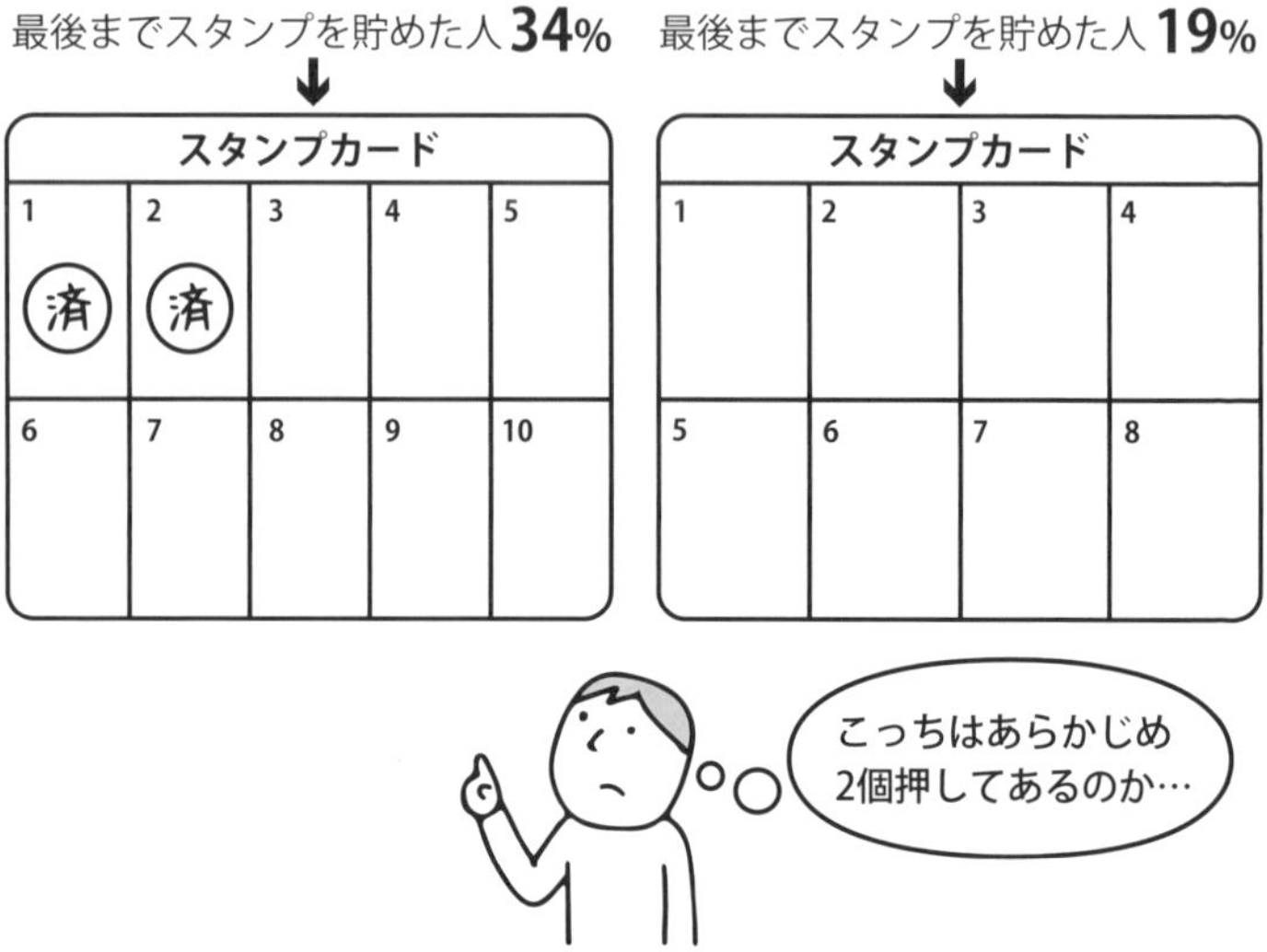

「今日はこの部分をやり、
全体のここまで終わった」
という情報をチームで可視化し、
共有すると良い。

最初からスタンプが2個押してある方が……

「エンドウド」は「与えられた」、「プログレス」は「進捗」。「エンダウド・プログレス効果」とは、「〝前に進んでる感〟があると、人は目標に到達したくなる」という心理的効果のことです。アメリカの行動経済学者ジョセフ・C・ヌネス氏とザビエル・ドレーズ氏が2006年発表の論文で明らかにしました。

論文ではポイントカードを使った実験が紹介されています。実験の内容は、

「洗車場に来店した利用客300人のうち、
①半数には『8個のスタンプを貯めるカード』を配布
②半数には『10個のスタンプを貯めるカードで、あらかじめ2個のスタンプが押されているもの』を配布
③どちらのカードも1回の洗車でスタンプが1個押され、あと8個スタンプが貯まれば洗車を1回無料とする」

というものです。

進捗感があると人は働きやすい

さて、結果はどうだったのでしょうか？　どちらも「あと8個スタンプを貯める」という意味ではまったく同じなはずなのに、最後までスタンプを貯めた人の割合は**「8個のスタンプを貯めるカード」**を配布された利用客が19％、**「10個のスタンプを貯めるカードで、あらかじめ2個のスタンプが押されているもの」**を配布された利用客が34％と、大きな差がついたのです。

この心理効果をビジネスで活かすのであれば、「仕事が前に進んでいることを実感できると人は働きやすくなるので、進捗を可視化しましょう」ということです。特にUXやUIのデザインなど長期にわたるプロジェクトはゴールに近づいているのかわからなくなります。現場のモティベーションを下げないよう、マネジメントする側は業務工程（特に序盤）を細かく分解し、「今日はこの部分をやり、全体のここまで終わった」という情報をチームで共有すると良いでしょう。

ラベリング

labeling

人は貼られた“ラベル”に従って無意識に行動する

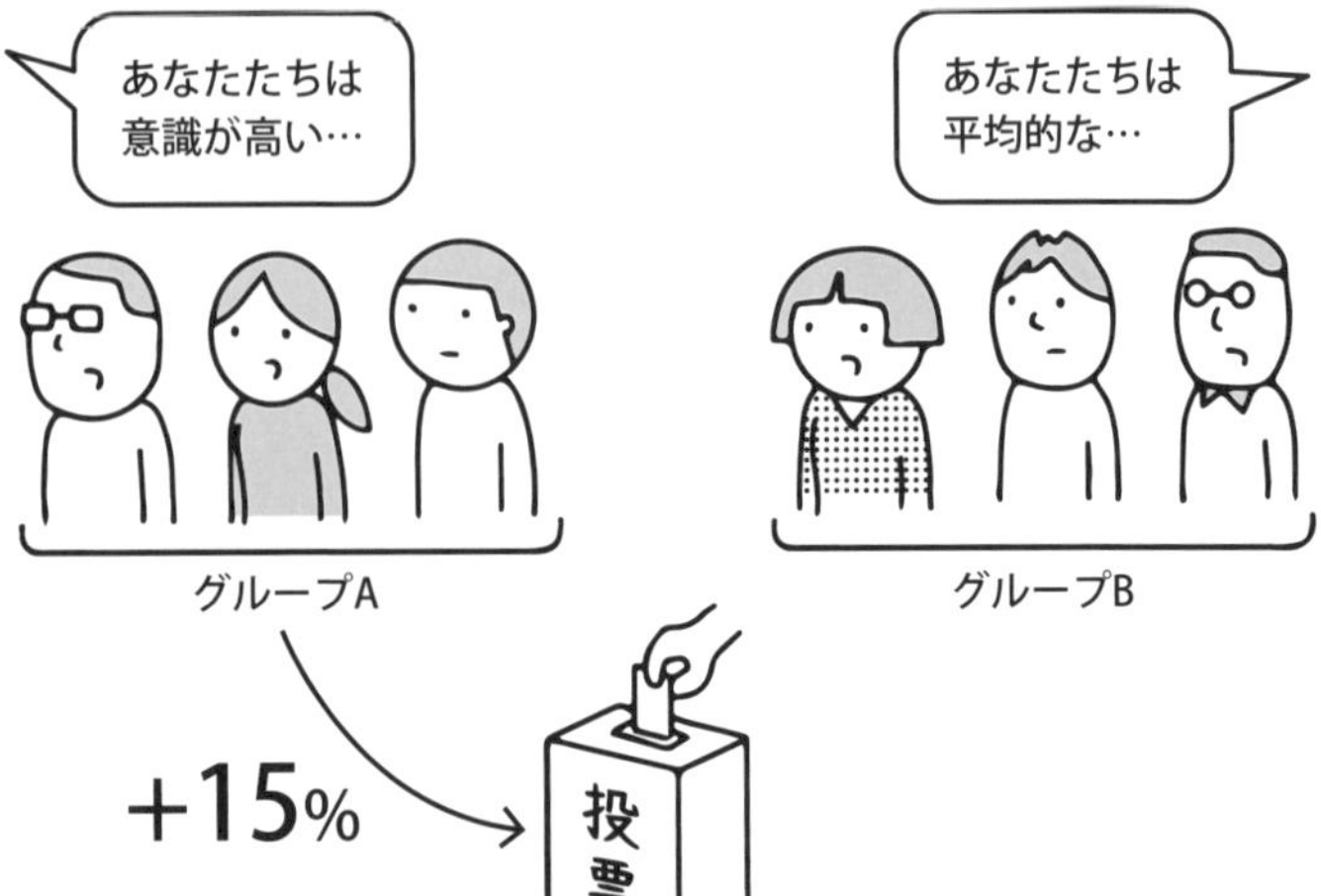

チームや組織にとって助かること、
チームや組織が期待したいことを
相手に伝えれば、
そのラベルどおりに活躍してくれる。

「ラベリング」の違いで投票率に大きな差

「ラベリング」とは、人や物事に対して根拠なく判断・評価し、ラベルを貼ることです。重要なのは、**ラベルを「貼られた側」は、無意識のうちにラベルに合わせて行動するようになる**という点です。ある実験では、

①参加者を無作為に2グループに分ける

②グループAには『あなたたちは投票を通じて政治に参加する意識の高い市民である』と告げる

③グループBには『あなたたちは関心や行動に関して平均的な市民だ』と告げる

④各グループが投票に行く率を比較する

という方法で調べたところ、なんとグループAの人はグループBより15%も投票に行く確率が高かったのです。

ポジティブな「ラベリング」をする

では、これをチーム作りや組織マネジメントでどのように活かすべきなのでしょうか？　それは**「チームや組織にとって助かること」と「その社員が好き・得意であること」の重なる部分**を、上司や同僚が言葉にして評価するということです。例えば、提案書の出来映えが売上に影響する部署に、提案書の作成が得意な部下がいたら「キミは提案書づくりが本当に上手だな」と伝える。その「ラベリング」によって部下は、その能力をますます発揮してくれるでしょう。

また、**「チームや組織が期待したいこと」**を「ラベリング」していく方法もあります。例えば、たまに数字のチェックを忘れてしまう部下に「キミは細かいところのチェックまでしっかり頑張れる人だよね」と伝えることで、そのラベルに〝寄せて〟いき、数字をチェックできる人になっていくのです。

「ラベリング」は、非常に重要かつ効果的な対人コミュニケーションの技術です。松下幸之助氏はじめ経営のカリスマと呼ばれる人たちは、この技術の達人です。

スパン・オブ・コントロール

Span of Control

直接管理できる部下の数は、頑張っても8人程度

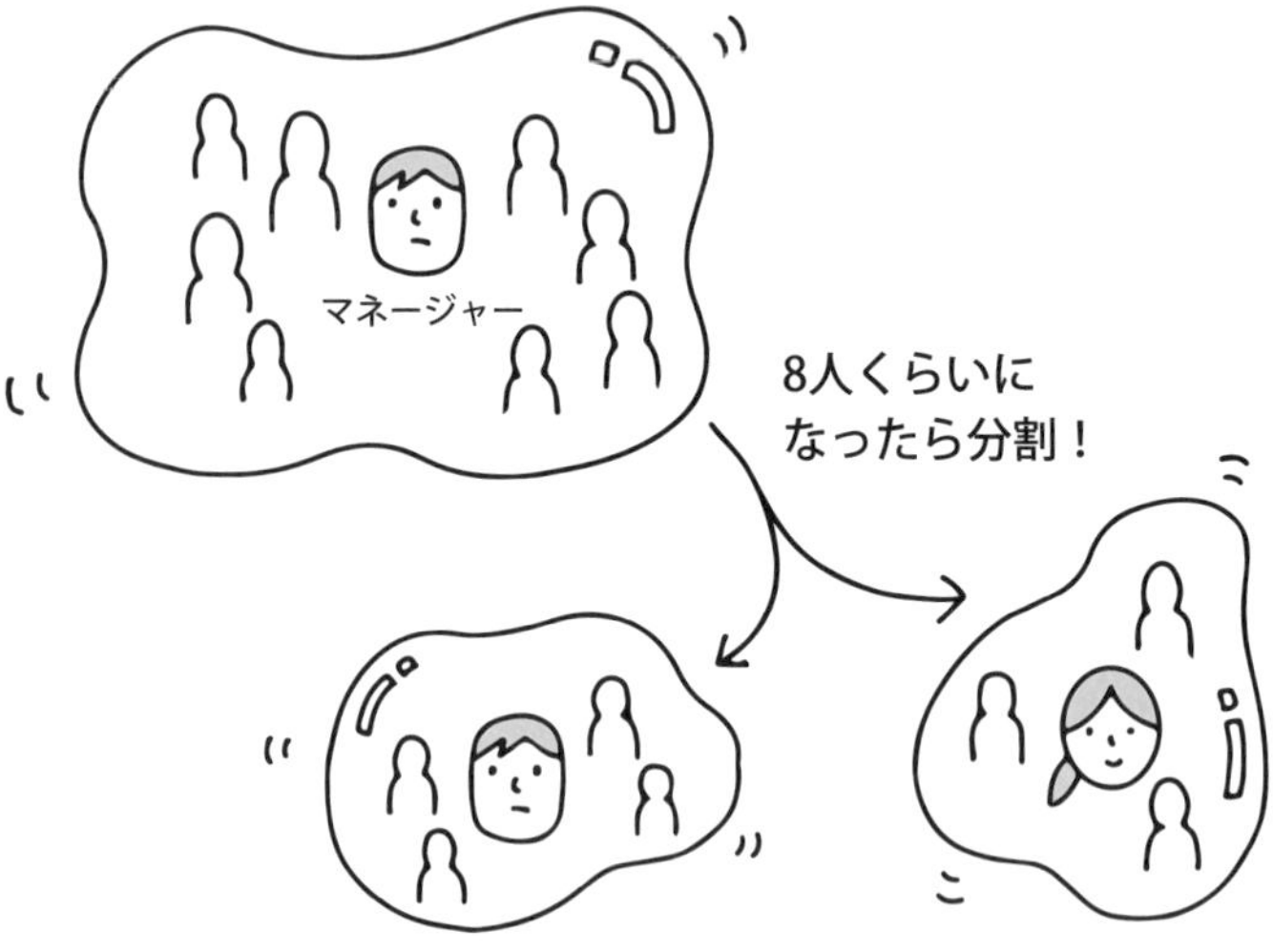

法則を超える人数だとしたら、
「2つに分ける」
「サブリーダーをつける」
などの方法で組織編成を見直そう。

キリストは13人目で管理が崩壊した

「スパン・オブ・コントロール」は、「コントロールできる範囲」という意味です。ビジネスの現場においては、マネジャー1人が直接管理している部下の人数や業務の領域のことを指しています。

「スパン・オブ・コントロールの法則」と呼ばれるものが存在します。それは**「1人の人間が直接見ることができるのはせいぜい5〜8人程度だよね」**というものです。なぜか？ 13「マジカルナンバー」（P48参照）でも解説しましたが、人間の短期記憶に留まるのは5〜8程度だからです。キリストや釈迦などの聖人ですら10人ほどしか弟子を持っていないのですから、この法則はかなりの説得力を持っています。

ちなみに**日本企業の中間管理職の部下の平均数は11人**だそうです。「スパン・オブ・コントロールの法則」の上限を超え、キリストや釈迦に近いレベルの数の管理を求められているわけです。

「アメーバ経営」がモデルケースになる

「スパン・オブ・コントロールの法則」の範囲内に収めながら組織を拡大するにはどうすればいいのか？これを突き詰めると、京セラ創業者の稲盛和夫氏が提唱した「アメーバ経営」などがその解となります。「アメーバ経営」では、小単位（アメーバ）を「疑似的な企業」と見なし、リーダーは単位の長として利益に対する責任を持ちます。1アメーバの人数は「5〜10人」ということで「スパン・オブ・コントロールの法則」よりも最大値は大きいのですが、10名超などのタイミングで組織を分割し、**「会社の中に小さな会社をいくつもつくる感覚」**で組織は大きくなっていきます。

あなたの企業は、何人の部下で組織やチームが構成されていますか？ もしも「スパン・オブ・コントロールの法則」を超える人数なのだとしたら、**「2つに分ける」「サブリーダーをつける」**などの実践的な方法で、組織編成を見直しても良いでしょう。

初頭効果

early effect

人は「いちばん初め」の情報しか記憶しない

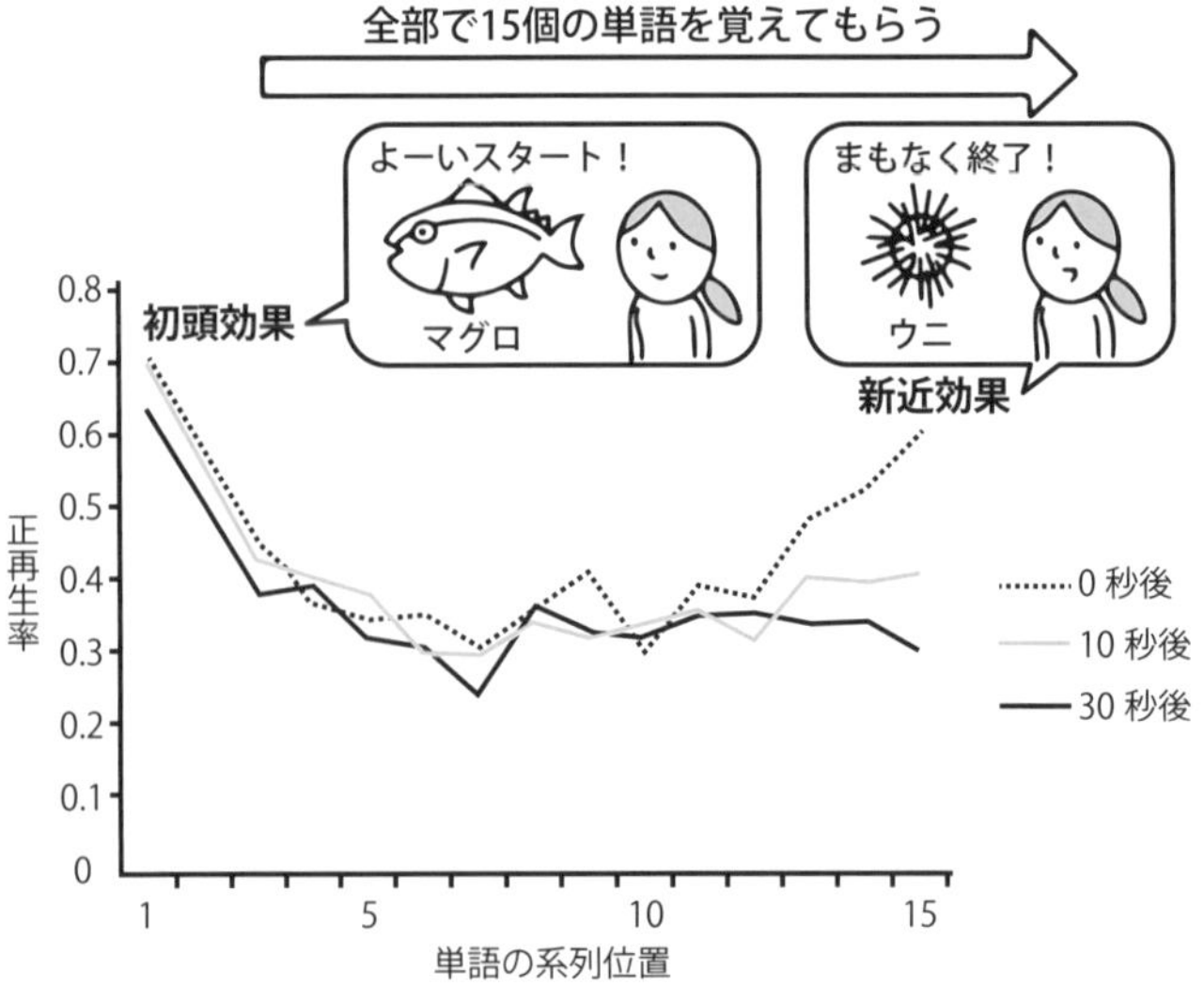

「Two storage mechanisms in free recall」 Glanzer & Cunitz, Journal of Verbal Learning & Verbal Behavior 5(4):351-360, 1966 より引用

営業提案などで瞬時に
必要な情報をキャッチして
もらいたい場面では、
「最初にバンと伝える」のが重要。

いちばん最初の単語しか覚えていない

「初頭効果」は、37「ピーク・エンドの法則」（P96参照）と似ている面があります。「ピーク・エンドの法則」では、**情緒的な面で印象に残っているのが「ピーク」と「エンド」**であると解説しました。ただし、**知識として記憶に残るのは「いちばん最初」が俄然高い**のです。これを「初頭効果」と呼びます。ちなみに「いちばん最後」も記憶に残ります。これを「新近効果」と呼びます。

P148の実験のように、15個の単語を覚えてもらうとします。0秒後、10秒後、30秒後に、覚えた単語を最初から言ってもらいます。すると、最初の単語の正答率は極めて高く（初頭効果）、最後の単語の正答率がそれに次いで高く（新近効果）、途中の単語の正答率は下がっていることがわかります。

さらに注目したいのは、**「初頭効果」と「新近効果」の違い**です。「新近効果」の方は、時間が経つと正答率が下がっていますよね？　でも「初頭効果」の方は時間が経ってもあまり変わりません。以前は、「記憶に残っているのは最初と最後」と言われていたのですが、最近では「記憶に残っているのは最初」と「初頭効果」のパワーに注目するようになっています。

もったいぶらずに最初に、短く伝える

これをビジネスの現場で活かすとどうなるのか？　**「営業などでは最も大切なことをいちばん初めにお客様にお伝えすべきだ」**ということです。パンフレットや営業資料の場合も、1ページ目の印象が断トツで残り、それがお客様の意思決定に影響しているのです。ですから、もったいぶらずに、できるだけ短いメッセージで伝えましょう。それから補足すればいいのです。

時間軸の長い一連の顧客体験では「ピークを作り、エンドを演出する」ことが大事なのですが、営業提案などで瞬時に必要な情報をキャッチしてもらいたい場面では「最初にバンと伝える」ことが重要なのです。

アンカリング効果

anchoring effect

「最初に見せられた数字」をもとに人は意思決定をする

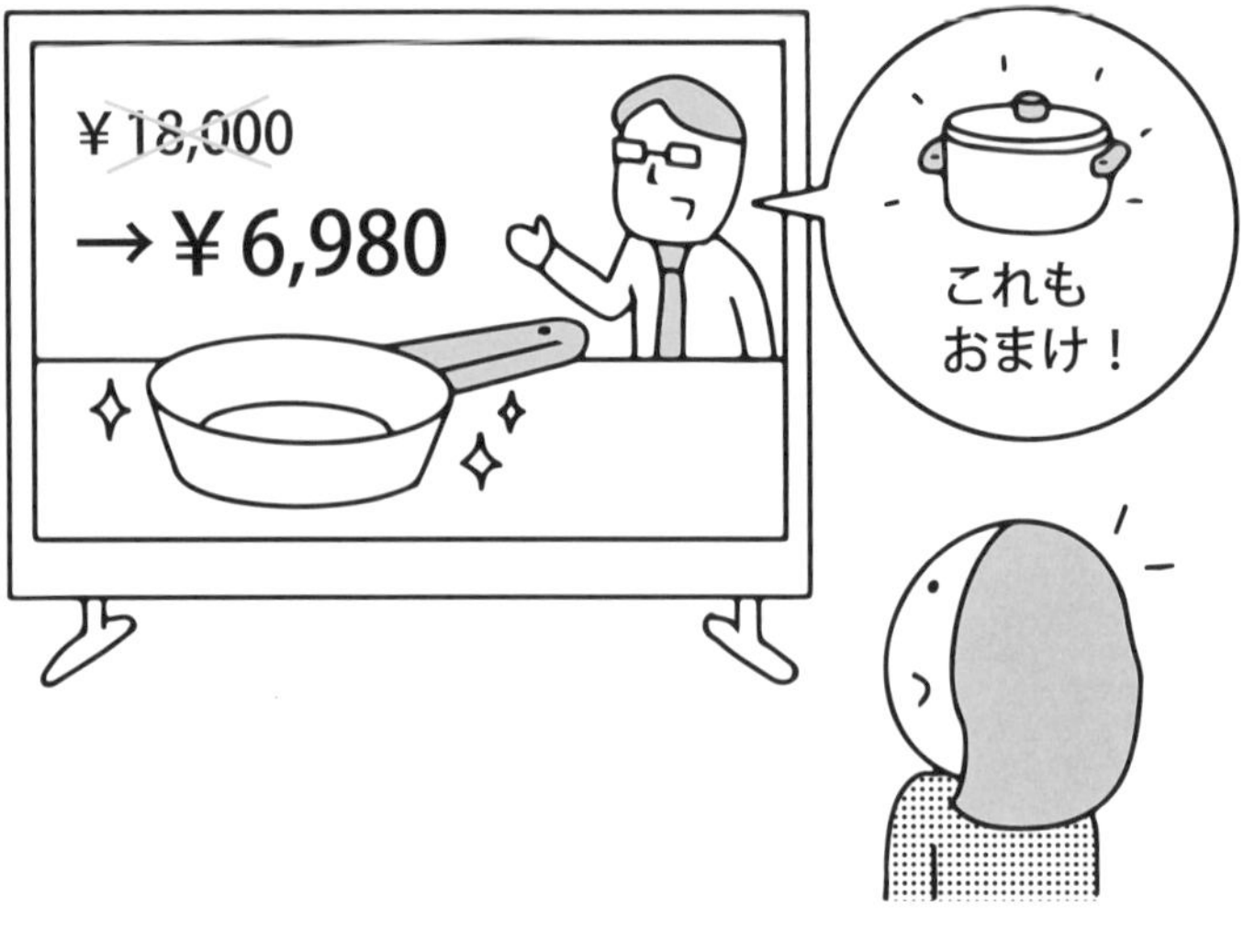

他社との差別化を
図る際などに
「アンカリング効果」を
うまく活用すると良い。

「３９８０円の50％ＯＦＦ」のお得感

「アンカリング効果」は、先に与えられた情報や数字によって、無意識のうちに最終的な意思決定が左右されてしまう現象のこと。「アンカリング（Anchoring）」は「錨（アンカー）を打ち込む」という意味の英語です。錨を打ち込まれた船は、その場所で留まります。「最初の情報」という錨を打ち込むと、それが相手の意思決定の起点となる……そんなイメージです。

「アンカリング効果」は、営業の場面などでもよく使われています。例えば、最初に高額の提示をした上で**「〇〇様にだけ特別に△％のお値引きさせていただきます」**といった話の進め方です。お客様の頭には最初に提示された高額の数字が打ち込まれます。そこから値引きされれば、お客様は「あ、かなり安くなっているのか」という印象を抱きます。「１９９０円」よりも「３９８０円の50％ＯＦＦ」の方がお買い得感を強く感じるのは、「アンカリング効果」によるものなのです。

「限定ですが、今回は……」

「アンカリング効果」を駆使した販売手法は、テレビショッピングでも多用されています。「最初に提示された価格からディスカウントする」という見せ方だけでなく**「さらにこれだけのおまけが付いてくる」**という見せ方もありますよね。「その値段で十分に安いと思っていたのに、さらにおまけまで付いてくるのか！」と驚かせることで購買意欲を高めているのです。

アンカリングのために最初に伝える情報は基本的に数字です。価格だけでなく、「**限定〇個**ですが今回は特別に」「〇**日**〇**時までの期間限定**ですが今日に限っては」などの伝え方も効果的です。また、商談などの冒頭で「新しい業界ですが、その中ですでに我が社は**創業**〇**年**です」「小さな会社が多いですが、我が社は最多の**取引実績**〇**件**を誇ります」といった形で数字を示して他社との差別化を図るのも、広い意味では「アンカリング効果」の活用法と言えます。

時間割引

time discount

1年後にもらう2万円より今日もらう1万円

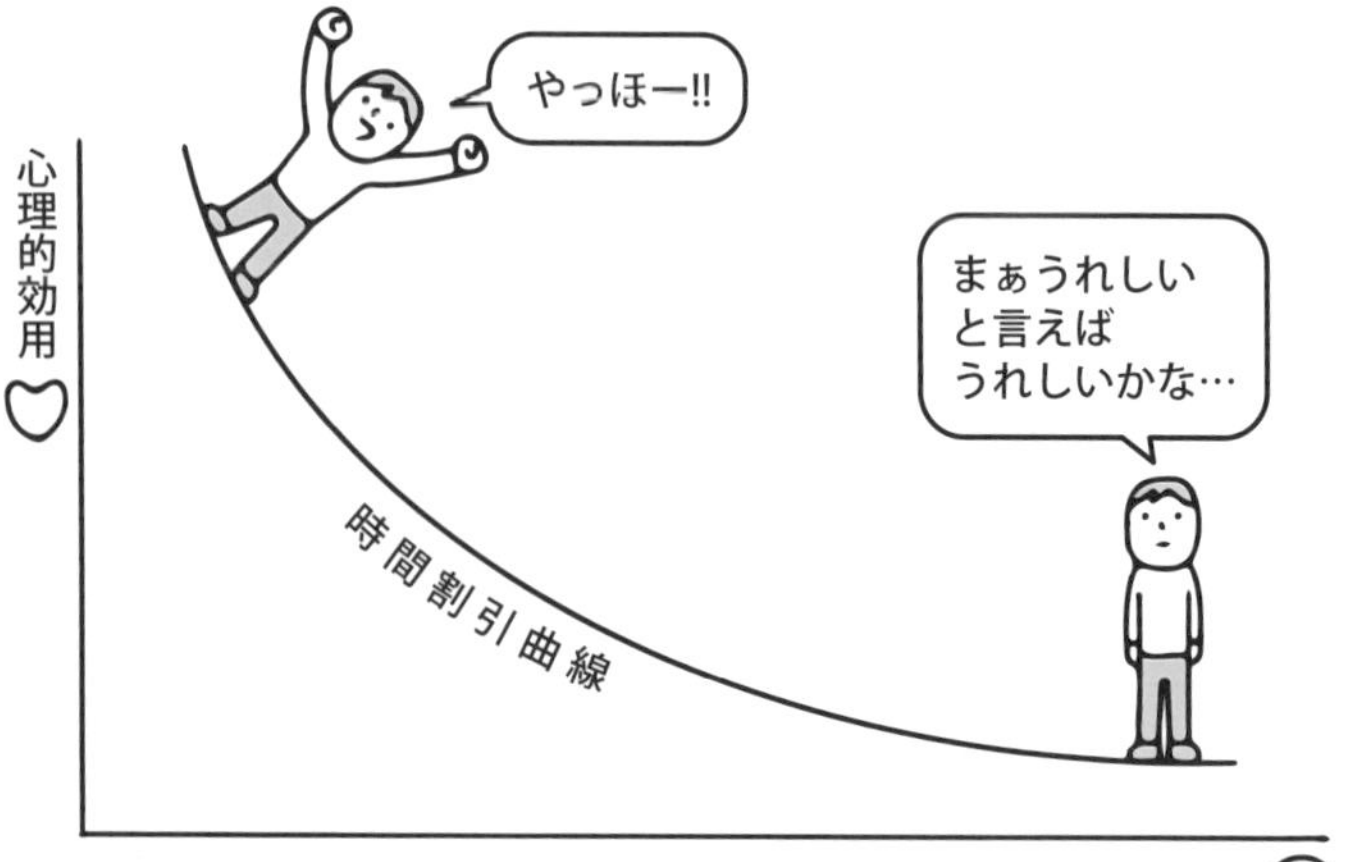

人間は時間が経つにつれて
心理的な喜びが下がる

「○年後の自分」をリアルに
想像してもらえるかどうかが、
「遠くの幸せ、遠くの安心」系の
商品サービス売上のカギを握る。

全員がBを選ぶと思ったら……

「時間割引」とは、時間的に遠い未来に起きる出来事の価値やインパクトは、遠いほど小さく見えてしまう心理現象のことです。

例えば、「A：今日1万円もらえる　B：1年後に2万円もらえる　あなたはどちらを選びますか？」と尋ねたとします。今、日本の銀行に預金しても、1年後に利息はほとんどつきません。それが1年後になんと2万円（＝2倍）にもなって返ってくるのですから、全員がBを選ぶと思いませんか？　実験の結果は違いました。**ほとんどの人はAを選ぶ**のです。

非合理な行動は「時間割引曲線」で説明がつく

では、なぜ人はAを選ぶのでしょうか？

それは、人の脳は「目先の幸せ」はイメージできるけれども、**「遠くの幸せ」はなかなかイメージしにくい**からです。

人間は、時間に応じて心理的な喜びが下がります。心理的な喜びのことを、経済学では「効用」といいます。効用は、得られるタイミングが未来になるほど、ぐんぐんと下がることが知られているのです。これを図示したものを「時間割引曲線」（P152参照）と呼んでいます。テスト前でもゲームはやめられない。体に悪いとわかっていても、タバコがやめられない。明日がつらいと知っているのに、お酒を飲んでしまう……「時間割引」の概念によって、人間の非合理な行動にいろいろ説明がついてきます。

逆に言えば、**「人は、たとえ遠い未来のことであってもリアルにイメージできれば、その行動を選択する」**のです。例えば、投資商品や保険商品など「遠くの幸せ、遠くの安心」につながる商品サービスをお客様に納得して購入いただくには、「○年後の自分」がどんなふうに毎日を過ごし、どんなことを楽しんでいるかを、リアルに想像してもらえるかどうかが大きなカギを握ってくるわけです。

社会的選好

social preference

「身内からの評価・評判」は意思決定や行動に影響する

目の前のお客様が
「どんな準拠集団に属しているか？」
を正確に把握しておかないと、
訴求のポイントを見誤る。

バイトテロは「社会的選好」の典型例

「社会的選好」を平易な言葉で説明すると**「自分の所属しているコミュニティの人たちに高く評価される行動を人はとりがちである」**ということです。近年「バイトテロ」という言葉が流行りましたよね。従業員やアルバイトが、職場で不適切な行為をし、そのようすをスマホで撮影してＳＮＳや動画共有サイトに投稿する……これは「社会的選好」の典型例です。社会一般がどう思うかよりも、「仲間内でウケる」「友だちに評価される」といったことが意思決定や行動の基準になっています。

若者の暴走行為や荒れる成人式なども、「社会的選好」の例に該当します。とはいえ彼らが特殊なのではありません。多かれ少なかれすべての人にこのような心理が働いています。

属しているコミュニティのことを、社会学や社会心理学では「準拠集団」と呼びます。営業職としてお客様と接する際には**「目の前のお客様はどういう準拠集団に属しているのか？　その準拠集団はどのような評価軸を持っているのか？」**を正確に**把握**しておかないと、訴求のポイントを見誤ってしまいます。

目の前の相手が欲しがっているものは何か？

例えば、あなたのお客様がエンジニアや研究者だったとします。彼らの準拠集団は、学会における評価が重視されるので、**「論文に出来るか？」「学会で発表できるか？」**といったことが意思決定や行動の重要な基準になります。であれば、論文作成や学会発表に役立つ情報や資料を提供する営業職が喜ばれます。

もしもあなたのお客様が工場の労務管理の責任者であれば、**「この設備を導入すると工場のみんなが喜んでくれるか？」**が意思決定や行動に大きな影響を与えます。その場合は「導入した他社さんの社員さんがすごく喜んでいて、担当者にも感謝されました」といった声を提供できる営業職が喜ばれるでしょう。

フレーミング効果

framing effect

同じ内容でも伝え方次第で相手に与える印象が変わる

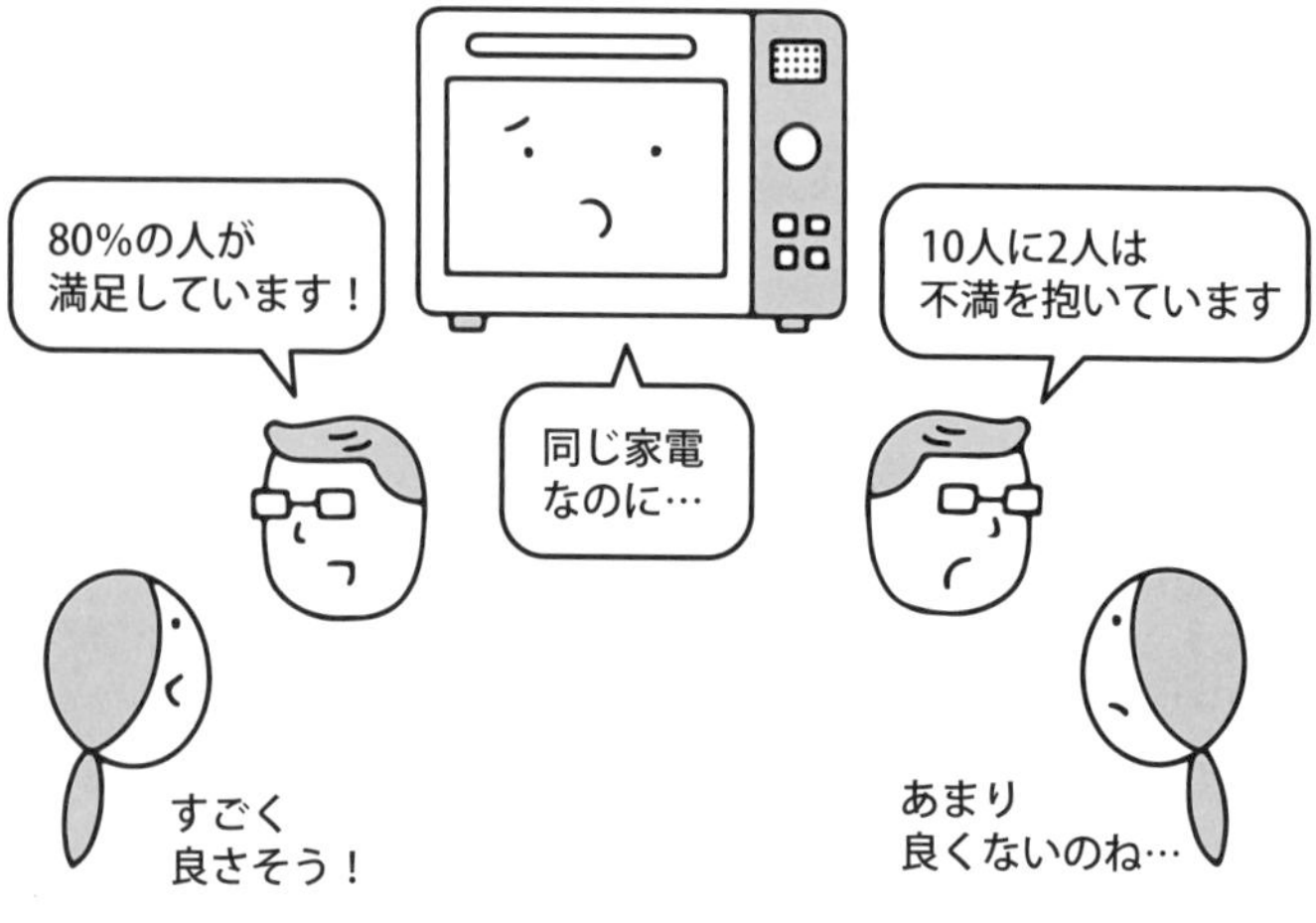

相手にポジティブに
解釈してもらいたい情報があったら、
ポジティブに伝える。
それでいいし、それしかできない。

人は文脈の中で情報を理解している

「フレーミング効果」は、同じ意味を持つ情報であっても、焦点の当て方によって、人はまったく別の意思決定を行うという認知バイアスです。つまり、**私たちは誰もが印象操作をしているし、されている**……人間は、この事実から逃れることができません。

例えば、「80%の人が満足しています」という表現と「10人に2人は不満を抱いています」という表現。これは同じことを言っていますよね？　でも、前者と後者を同じものだと私たちは認識できないのです。それはなぜか？　**私たちの脳には「文脈を解釈する機能」が備わっているから**です。人は「80%の人が満足しています」という一文から「この文章を作成した人は、この数字を前向きに評価しているんだな」と捉え、「10人に2人は不満を抱いています」という一文からは「この文章を作成した人は、この数字を問題視しているんだな」と捉えるのです。

客観的事実として情報を伝えることは不可能

実際、英語圏の人たちは「can't（〜できない）」の最後の「t」をしっかり発音していないそうです。「can（〜できる）」と一緒の発音ですが、受け手は前後の文脈で理解しているため、会話は成り立つようです。

話し手がポジティブにフレーミングするのか、ネガティブにフレーミングするのかで、話全体の印象を人は判断してしまうため、**客観的事実として情報を伝えることは不可能**です。であれば、最初からフレーミングしてしまうものと割り切ってしまいましょう。無理して中立に見せる必要は無く、ポジティブなことはポジティブに伝えれば良いのです。

一方で、**情報を意識的に逆のフレーミングで解釈する習慣をつけておくと拙速な判断ミスを減らす**ことができます。多くの人が賛成しているアイデアに対して、敢えて反対のスタンスで眺めてみるのも良いでしょう。

選択アーキテクチャ

Choice Architecture

「タネ明かし」をした上でお客様に選んでもらおう

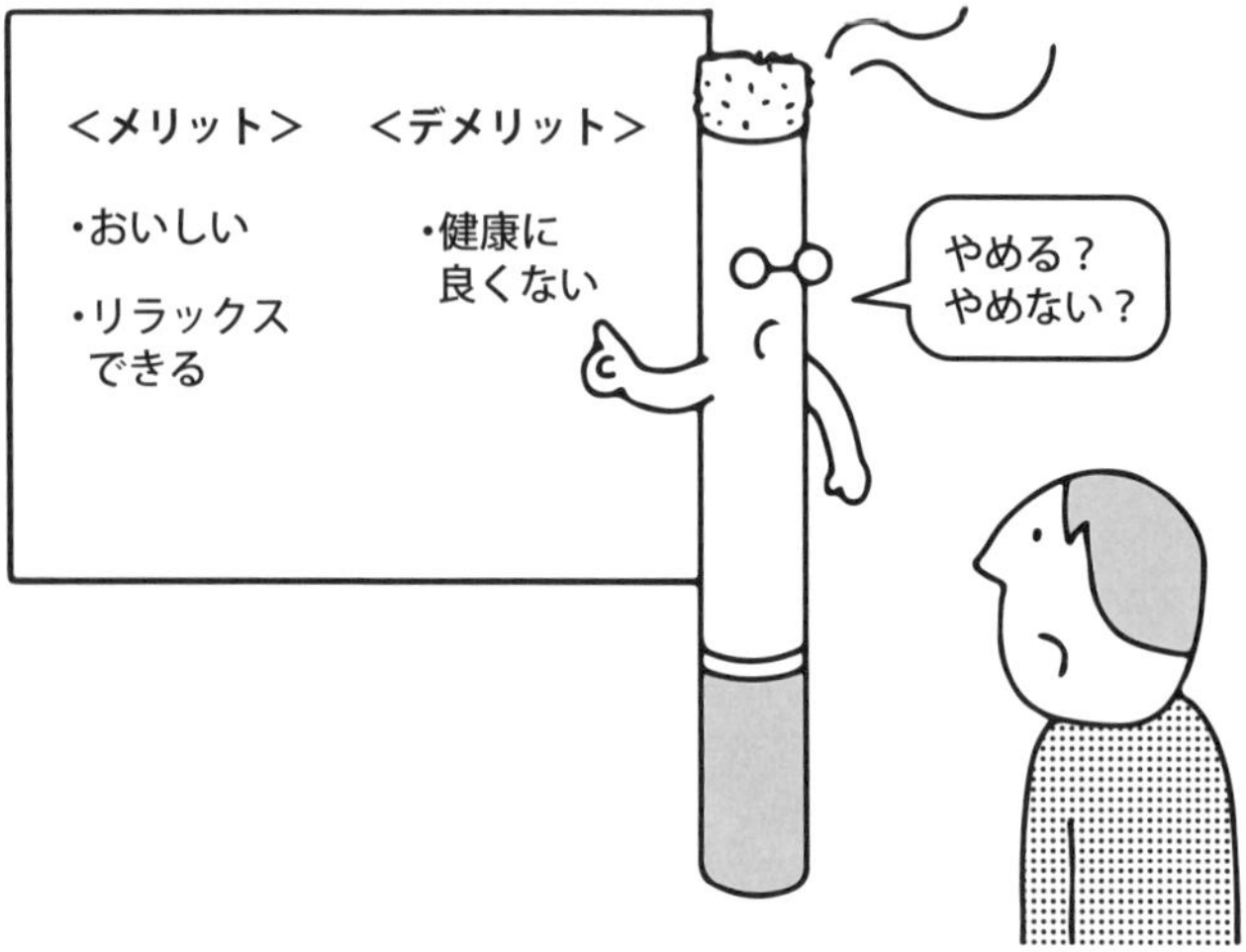

倫理的問題を置き去りにして
行動経済学を“悪用”すれば、
お客様との信頼関係を
構築することが出来ない。

選択できる環境を作るのが行動経済学の役割

「選択アーキテクチャ」とは、行動経済学を活用し、人々の行動を望ましい方へ導く環境設計のこと。シカゴ大学の教授リチャード・セイラー氏とキャス・サンスティーン氏の著書『実践 行動経済学（原題：Nudge）』で、05「ナッジ（P30参照）」と共に提唱されました。

「行動経済学を活用する」ということは「ナッジのテクニックを使って人に何かしらの行動を促す」ということを意味しています。セイラー氏とサンスティーン氏は**「行動経済学は使い方が重要で、意思決定者が気づかないうちにナッジで誘導すればマインドコントロールになりかねない」**という倫理的懸念を抱いていたわけです。では、どうすれば良いのでしょうか？　重要になるのが「選択アーキテクチャ」という概念です。意思決定者が「ナッジされている」と自覚できる環境、あるいは「ナッジされた方がいいか？　されない方がいいか？」を自分で選択できる環境を作ってあげることこそが、行動経済学の本来の役割だというわけです。知らず知らずのうちに意思決定をさせること、マインドコントロールすることが行動経済学の果たすべき役割ではないのです。

タネ明かしをし、選択の余地を確保する

「意思決定者が正しい意思決定を選択できる環境を設計する」――これは、人間の自由意志を守る上で非常に重要な概念です。

では、ビジネスの現場ではどう活用すれば良いのでしょうか？　お客様に対して「お客様は今、こういう仕掛けの中にいます」と**「タネ明かし」**をし、「最後の判断はあなたに委ねられています」と**「選択の余地を確保」**することです。

もしもこのような倫理的問題を置き去りにして行動経済学を〝悪用〟すれば、一時的には営業成績が上がるかもしれません。けれども、中長期的に見ると、お客様との信頼関係を構築することが出来ません。

Column 03

家族関係を良好にするコミュニケーション術

仕事では取引先や同僚とうまく人間関係を構築できている人の中にも、「パートナーや子供とはうまくいっていないんです」という悩みを抱えている方は案外多いようです。配偶者、親、子といった身近な関係ほど、雑なコミュニケーションをとったり、リターンだけを求めたり、「ダメ出し」をしたりしてしまいがち。そんなときは本書で学んだエッセンスをぜひ取り入れてみてください。

まずオススメは、**「名前を呼ぶ」**（44「カクテルパーティー効果」P112参照）。家族だからといって「おい」とか「ねえ」などと、名前を省いていませんか？　あるいは「パパ」「ママ」といったように役割で呼びかけていませんか？　常にではなくてもいいかもしれませんが、たまには名前で呼びかけてみましょう。

次にオススメしたいのが、**「ポジティブ・ラベリング」**（60「ラベリング」P144参照）。私が日常で無意識のうちによく行っているのは、一緒に仕事を進めてくれる仲間に対する「いつも仕事が早いですね」「本当に上手にまとめてくださいますね」といった声がけです。相手のことを前向きにラベリングしてあげることで、相手のモティベーションがアップしますし、お互いの人間関係も円滑になります。家族関係にも取り入れてみてください。

そして最後は**「好意の返報性」**（46「返報性」P116参照）。好意を示せば、相手も好意で返してくれます。まずは、あなたの方から好意を言葉や態度で示したり、自ら積極的に家族への協力やサポートを行ったりしましょう。

第4章

あなたがよく生きるための行動経済学

意思決定、スキルアップ、
ウェルビーイングなど、人生を豊かに
する上で知っておきたい用語を解説します。

サイモンの意思決定論

Simon's Decision Theory

人間の意思決定の「あるべき姿」

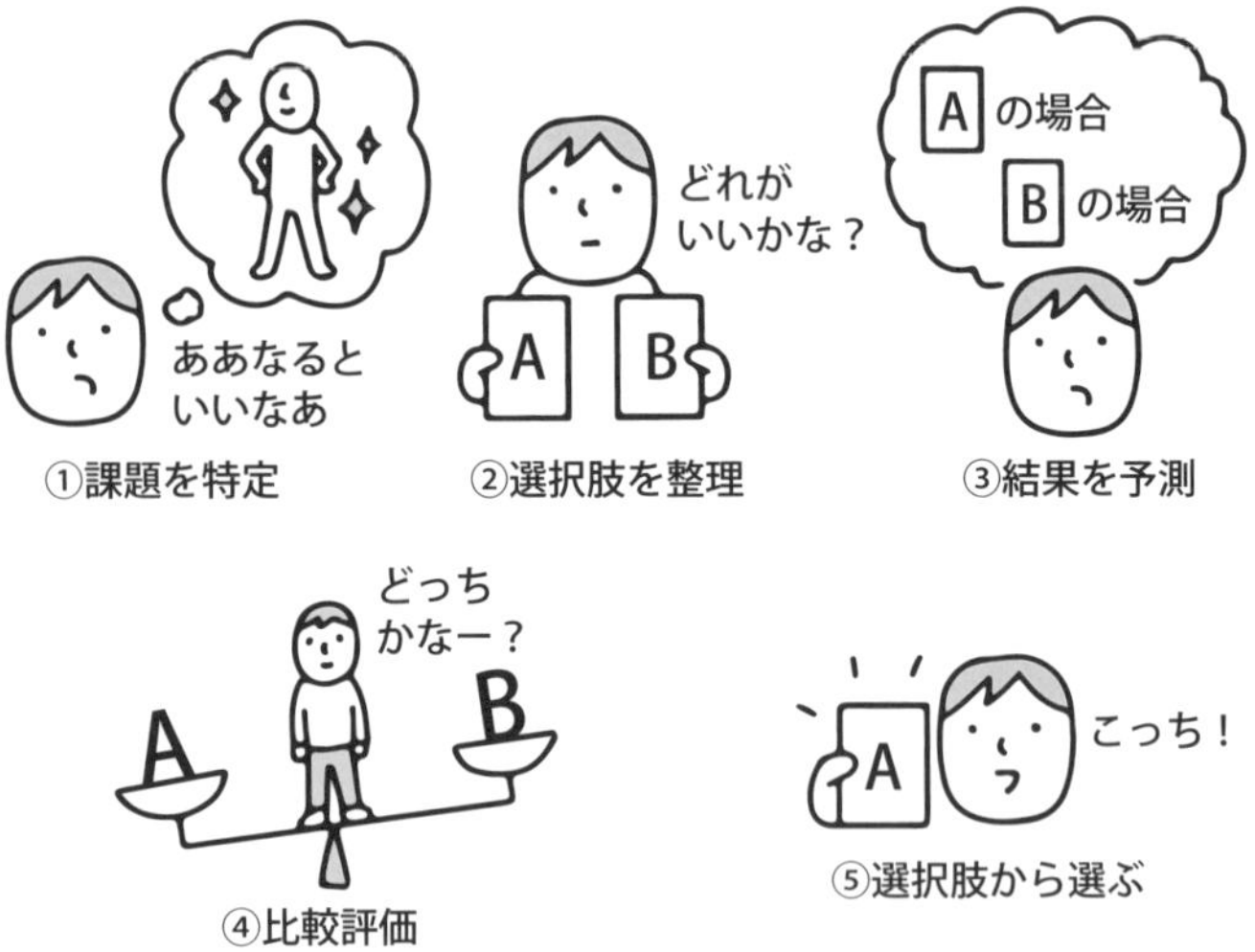

5つのプロセスを正しく
踏むことができれば、
判断を誤る可能性が大幅に減り、
妥当な決定がなされる確率が高まる。

意思決定プロセスのお手本

「サイモンの意思決定論」は、アメリカの認知心理学者であり、1987年にノーベル経済学賞に輝き、「行動経済学の祖」と言われるハーバート・サイモン氏が唱えた「意思決定のあるべき形」に関する理論です。

「サイモンの意思決定論」は、行動経済学が登場するはるか昔に分析されたもので、これ自体は行動経済学の研究成果とは見なされていません。また、「人間の心理や行動はこの理論どおりになる」といったものでもありません。サイモン氏は『遅い思考』(P25参照)のもとでは、規範的意思決定を行うことで、人は高い確率で正しい意思決定が出来るようになる」と述べています。

つまり、「サイモンの意思決定論」とは、「人間の意思決定って、こういうものだよね」というものではなく、「人間の意思決定は、こういうふうに行うのが理想だよ」というものであるわけです。そして、**「こんなふうに意思決定できたら最高だけど、出来ないんだよね。それはなぜか？」という疑問から、行動経済学という学問が誕生**したわけです。

5つのステップで正しい意思決定を

規範的な意思決定は、次の5ステップを踏みます。

1）課題を特定する

2）解決のための選択肢を整理する

3）すべての選択肢に関してもたらされる結果を予測する

4）課題解決のためにはどの選択肢が最も良いかを、基準を設けて比較評価する

5）最適な選択肢を選ぶ

このような意思決定プロセスを正しく踏むことができれば、判断を誤る可能性が大幅に減り、きわめて妥当な決定がなされる確率が高まります。取締役会からチームミーティングなど、意思決定の場面でぜひ取り入れてみてください。

一貫性の法則

law of consistency

一貫させる必要など無いのに、人は一貫性を求めたがる

どっちも自分ということでご容赦！

一貫性にこだわると
ビジネスチャンスを逃すことも。
こだわりを捨て、自由になると、
採れる選択肢は一気に広がる。

ダイエットしながらラーメンも食べるのが人

前項の68「サイモンの意思決定論」で、人間の意思決定のあるべき姿について解説しましたが、ここからは「であるにもかかわらず、なぜ理想的な意思決定がなされないのか？　それを邪魔するものは何か？」ということに迫ってみたいと思います。

まず挙げられるのが「一貫性の法則」です。自らの行動や発言、態度、信念などに首尾一貫した〝つじつま〟を与えようとする心理のことを指しています。

厄介なのは、人間の言動には一貫性など無いところです。「ダイエットしたい」と思っている人であってもお昼になれば「ラーメンが食べたい」と思うのが自然で、**人というのは多面的で、複雑で、矛盾に満ちあふれた生き物**なのです。

では、これを踏まえて、私たちはビジネスをどのように成功に導くべきなのでしょうか？　それは、「一貫しているかどうか？」という意識から、もっと自由になることです。

一貫性にこだわるとビジネスチャンスを逃す

例えば、「お客様のもとへ足を運んで商売をする」をモットーにビジネスを展開してきた経営者が、お客様から「オンライン販売にも対応してほしい」という声をもらったとします。ここで、自らの一貫性の観点から「いや、それは……」と否定して、現状のビジネスに固執してしまったら、どうでしょうか？　一貫性は保たれるかもしれませんが、顧客満足度の向上という本質からは離れてしまい、大きなビジネスチャンスを逃してしまいます。

「自らの言動に一貫性を与えたい」という意識から自由になると、採れる選択肢は一気に広がります。もしもあなたが「ビジネスが軌道に乗らない」「事業が縮小している」と悩んでいるのであれば、**「一貫していないのが人間」と割り切り、軽やかに動いてみてはいかがでしょうか？**

回想バイアス

recollection bias

後になって自分の行動を正当化したがる

まあいいか…
¥
あのとき
入れなかったのは
小銭がなかった
からで…

大事なのは個人のメンツよりも
正しい意思決定。
誤りを素直に認める態度が、
組織を成功に導く。

スペースシャトル打ち上げ失敗の原因

68「サイモンの意思決定論」で解説した、人間の意思決定のあるべき姿。これを阻むものの1つが、「回想バイアス」です。

「回想バイアス」とは、端的に言えば「つじつま合わせ」です。例えば、大災害の支援金の募金箱が置かれていたとします。一瞬、お金を入れようか迷ったものの、結局入れなかった。その後、「あのとき募金箱にお金を入れなかったのは、小銭を持ち合わせていなかったからだ」といった感じで、正当化するわけです。

注意しなければならないのは、「回想バイアス」によって誤りが誤りとして認識されず、正されない危険性があるということです。

非常によく知られているのは、アメリカNASAのスペースシャトル「チャレンジャー号」の打ち上げ失敗の例です。不具合が見つかり、開発会社が打ち上げ延期を提案したところ、〝顧客〟のNASAの逆鱗に触れました。そこで開発会社はNASAの機嫌を損ねないよう、逆に打ち上げを正当化するデータを必死に集めて「つじつま合わせ」を始めました。その結果、打ち上げ直後に空中分解して7人の乗員が亡くなるという悲劇が起こったのです。

経営者、マネジメント層、チームリーダー要注意

「回想バイアス」によって、「誤りが正されない」「学びが次に生かされない」という危険性があり、ときとして「チャレンジャー号」の打ち上げ失敗の例のように大惨事につながる可能性があります。

これを防ぐためにも「人間は自分の行動を『つじつま合わせ』したがる生き物だ」と自覚しておきましょう。経営者、マネジメント層、チームリーダーなどは、従業員や部下や後輩の手前、**メンツを保ちたくて、自分の行動を正当化しがち**です。けれども、大事なのは個人のメンツよりも正しい意思決定。誤りを素直に認める態度が、組織を成功に導くのです。

代表性ヒューリスティック

Representativeness Heuristic

「○○といえば××」の思い込みが判断を誤らせる

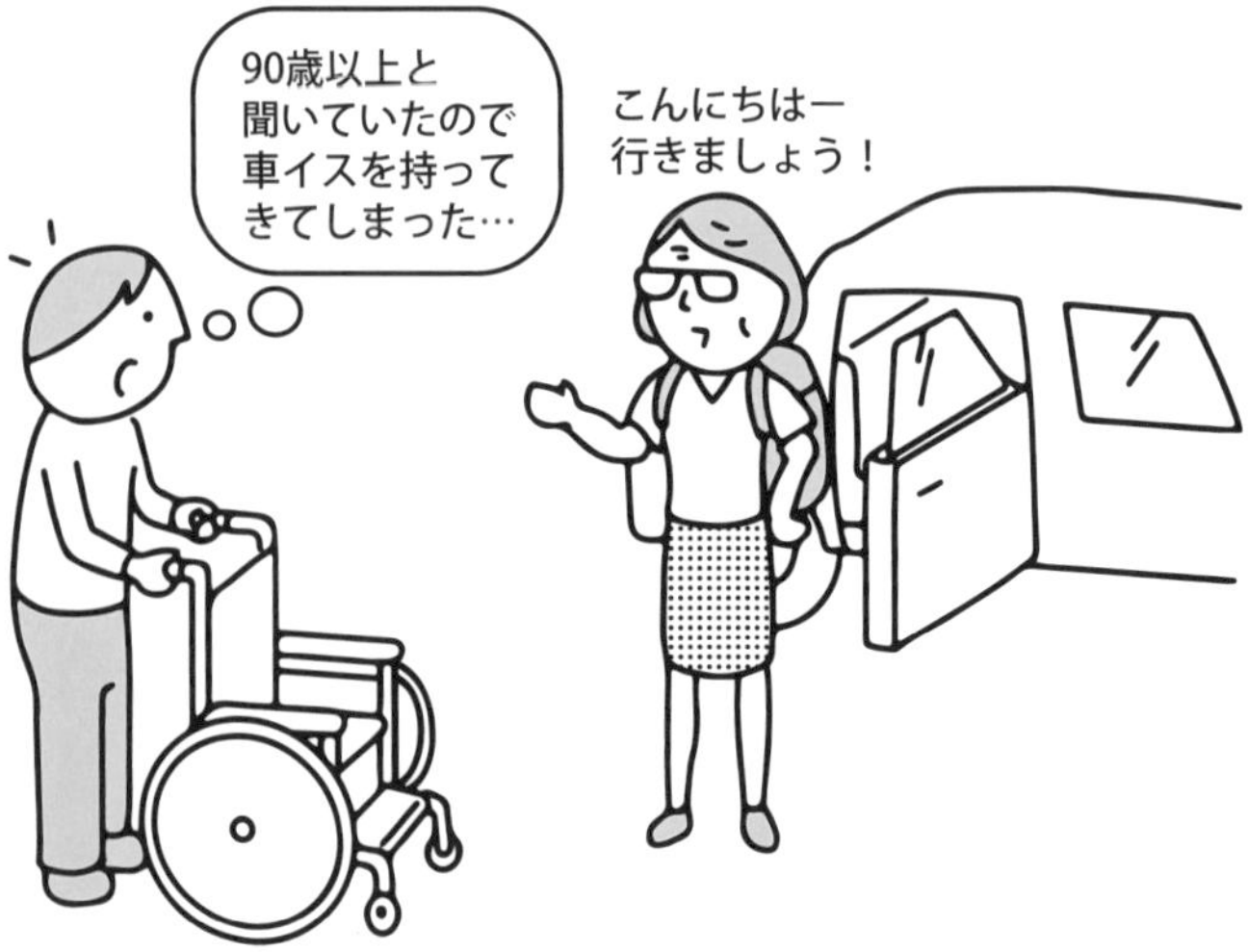

思い込みには要注意。
うまくいっているとき、
問題がないときほど、
それを疑う目を保持しておこう。

「加熱殺菌の神話」が生んだ大事件

「代表性ヒューリスティック」とは、一度「○○といえば××」という典型的・代表的なイメージを抱いてしまうと、新たな情報がもたらされた後にも、その「○○といえば××」というイメージから逃れられなくなってしまう現象のことです。敢えて端的な表現をするならば、「思い込み」です。

03「ヒューリスティック」（P26参照）で「リンダ問題」を例に「代表性ヒューリスティック」にも触れているので、「なぜ再び取り上げる必要があるの？」と疑問に思う方もいるかもしれませんね。その理由は「代表性ヒューリスティック」が企業を大きな失敗に導く危険性があるからです。

かつて日本の乳製品メーカーには「加熱殺菌の神話」が存在していました。菌というものは加熱で死滅するのだから、工程内のトラブルで滞留してしまった牛乳であっても、加熱処理さえすれば殺菌できると考えられていたわけです。ところが、ある乳製品メーカーが加熱殺菌後に市場に出した牛乳に、黄色ブドウ球菌という、加熱で死滅はするものの毒素が分解されない菌が混入してしまい、大騒ぎとなりました。

うまくいっているときほど要注意

ビジネスの現場では、ときに経験というものが思い込みを生み、それが邪魔となることがあります。**吟味やチェックを怠る元凶になり、例外事象への対応力を失ってしまう危険性**があるからです。

「こういうお客様が来たらこう対応すればいい」といった過去の成功例に基づくマニュアルどおりに対応したところ、お客様を激怒させてしまい、大問題となった……ということも十分起こり得るのです。

経験の積み上げによる効率化・合理化は重要ですが、過信してしまうと大きなミスを犯してしまいます。うまくいっているとき、問題がないときほど、それを疑う目を保持しておきましょう。

ギャンブラーの誤謬

gambler's fallacy

表、表、表、表、表……
さすがに6回目は裏だろう

ビジネスの現場で、
自らの思い込みが生んだ
「根拠の無い“確率論”」に
振り回されないようにしよう。

5回連続で表　次に出るのは……？

「コイントスをして5回連続で表が出たとします。次はどっちが出ると思いますか？」と聞かれたら、あなたは何と答えますか？　冷静に考えれば、表が出る確率も、裏が出る確率も、どちらも50％です。ところが人は「さすがに6回連続で表が出る確率はかなり低いだろう。裏が出る確率の方が高いに違いない」と思ってしまうもの。そして「裏」と答える人が非常に多いのです。これを「ギャンブラーの誤謬」と呼びます。

「ギャンブラーの誤謬」は、本来であれば一定の確率であるはずなのに、偶然的な事象がある一方に偏ると、次はもう片方の事象が起こる確率が高まるはずと思い込んでしまうことを指します。前項の71「代表性ヒューリスティック」の1つとして知られています。

「逆パターン」もビジネスの現場で起こりがち

「ギャンブラーの誤謬」とは対照的に、**本来は一定の確率ではないはずなのに一定の確率であるかのように思い込んでしまう**ケースもあります。

例えば、「10件開拓したら1件くらいは成約に至る」という経験値を持った営業職の人がいたとします。ところが、１００件回って1件も成約が取れなかったとします。このとき「次から10件連続で成約するのかな」というのは思い込み。「さすがにおかしいなあ。何が間違っているのかな」というのが正しく冷静な分析だと思います。

逆に「10件開拓したら1件くらいは成約に至る」という経験値を持った営業職の人が10件回って10件とも成約が取れたとします。このときは「この後90件ずっと契約取れないのかな」と思わず、「うまくいっている要因は何か？」を洗い出し、再現性のあるものにすべきです。

自らの思い込みが生んだ「根拠の無い〝確率論〟」に振り回されず、正しい分析を基にビジネスを進めていきたいですね。

確証バイアス

confirmation bias

人は見たいものだけ見て、信じたいものだけ信じる

・競合の台頭
・市場の変化
やめてくれー！
グラ
グラ
社長!

見たくない、聞きたくない、
信じたくない情報にも
定期的に接する機会を設けて、
偏った意思決定を防ごう。

都合の良い情報ばかりを集めてしまう

人は、見たいものだけ見て、聞きたいことだけ聞いて、信じたいことだけ信じる――「確証バイアス」とは、自分がすでに持っている先入観や仮説を肯定するため、自分にとって都合の良い情報ばかりを集め、そうではない情報は軽視してしまう傾向のことを指しています。これは**「心の安寧を得たい」という、人間の脳の防御反応によるもの**です。

ある有名人に対して「悪人だ」というイメージを抱いたとすると、そのイメージを裏づける情報だけを収集し、「やっぱり悪人なんだね」という確信を深めていきます。「善人だ」という情報も一定数存在するはずですが、その情報は目や耳には入らず、たとえ入ってきたとしても信じることはできないのです。

どちらの立場であれ、冷静な判断が出来ない

「確証バイアス」を「意思決定とリスクマネジメント」のカテゴリーで取り上げるのは、意思決定に大きな影響を与えるからです。「新規事業を立ち上げたい」と考えている人の脳は「うまくいく」「将来性が見込める」といったプラスの情報しか取り込めなくなっています。逆に「新規事業立ち上げには反対」という立場の人の脳は「うまくいかない」「将来性が無い」といった情報しか取り込めません。**どちらの立場であれ、冷静な判断が出来なくなっているのです。**

かつて「印刷写真が無くなるはずはない」と〝確証〟していた世界的企業のポラロイドは、デジタルカメラの急速な普及により競争力が急激に低下、ついには経営破綻してしまいました。「確証バイアス」は、歴史上、あまたの国、企業、個人を破滅に追い込んだ、最も危険なバイアスの1つです。

自社の命運を分けるような重要な意思決定に関しては、ニュートラルな情報を集め、68「サイモンの意思決定論」(P162参照)に基づいた規範的意思決定をすることをおすすめします。

サンクコスト効果

sunk cost effect

長く続けたものは、
もったいなくてやめられない

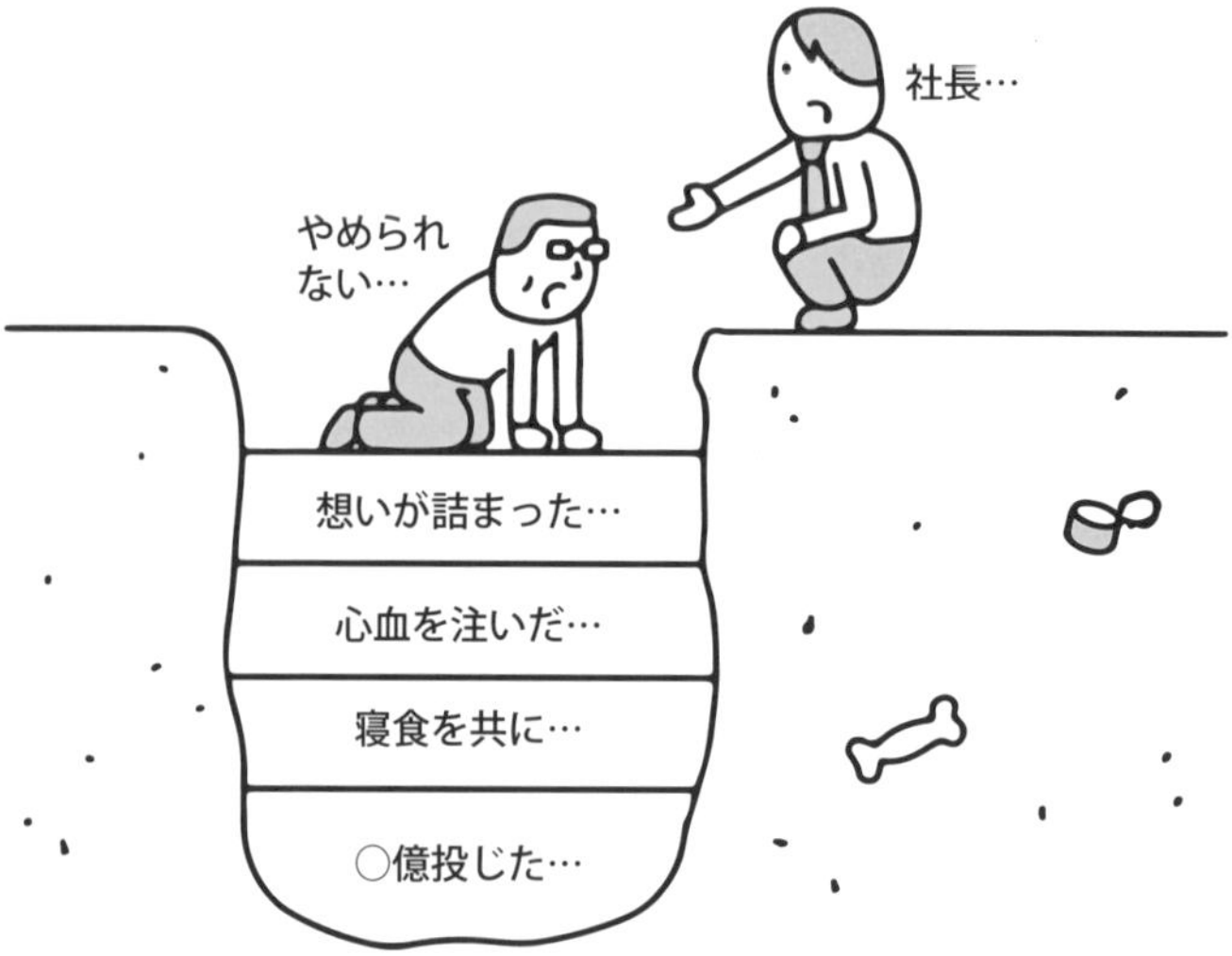

社長…
やめられ
ない…
想いが詰まった…
心血を注いだ…
寝食を共に…
○億投じた…

「先代社長の想いが～」
「○年かけて構築した～」
といった言葉を使って、
手放せなくなっていないか？

昔からの推しメンは変えられない

「サンクコスト効果」とは、すでに使った費用やコストに対して「もったいない」という心理が働き、合理的な判断ができなくなってしまう現象のこと。前項の73「確証バイアス」(P172参照)を強めてしまう一因となるものです。

人は、長く続けたものをやめられなくなります。昔からの推しメンは変えられなくなり、長年続けてきた競技は変更できなくなり、長く続けてきたスマホゲームはやめられなくなります。人間というのは、**頭では「やめよう」と思いながら、いざやめる段では「もったいない」という感情が勝ってしまう**生き物なのです。

不採算事業から撤退できない理由

「Sunk＝サンク」は、「Sink(沈む)」の過去形です。「サンクコスト」は「埋没費用」と訳され、**「地中深く沈んで、もう取り返せない費用」というイメージ**で使われています。

長年の不採算事業から撤退できないのは、「サンクコスト効果」が働いているからです。その典型例が、英仏共同開発の超高速旅客機「コンコルド」のプロジェクトです。ロンドン－パリ間を高速で飛ぶことに対して思ったほどのニーズは無く、**このまま続けても黒字にはならないと見込まれていながら、既に多額の投資をしてしまっていたために開発は継続されました。**その結果、負債は膨らみ続けて開発会社は倒産。運航の方も、赤字を垂れ流しながら2000年まで継続されてしまったのです。そのため、「サンクコスト効果」は別名「コンコルド効果」と呼ばれています。

さて、あなたの会社はどうですか？　「先代社長の想いが詰まった社屋」「○○さんが心血を注いで育てた事業」「寝食を共にして完成させた製品」「○億円を投じた新技術」「○年かけて構築した新ITシステム」といった言葉を使い、手放すべきものを手放せなくなっていませんか？

少数の法則

law of small numbers

たった数回の事例を基に人は法則を見出したがる

「最近の若者は～」などと
すぐに結論づけるのをやめ、
納得できるデータに
あたって調べてみよう。

「2回ほど起こったので、次もそうなるはず」

「少数の法則」とは、数少ない試行から一般化してしまいがちな認知バイアス。つまり、「過去の一事例がこうだったので今回もこうなるのではないか」「自分の経験上、以前に2回ほどこういうことが起こったので、次もそうなるはず」と思ったりすることで、「過剰一般化」という用語とも近い概念とされています。ノーベル賞経済学者のダニエル・カーネマン氏が1971年に提唱したとされていて、統計学の「大数の法則」（一見偶然に見える事象であっても、大量に観察されればその事象がある規則性をもって発生していること）の対照語という位置づけです。

“頭の良い人”でも犯す危険性が高い

「少数の法則」によるミスは、学者や研究者でもよく犯しがちです。サンプル数が不十分な状態にもかかわらず、「過去のケーススタディからこのような成功法則が導き出される」といった主張をしてしまうのです。

なお、このミスは、“頭の良い人”でも犯す危険性が高いです。“頭の良い人”は、リンゴが地面に落ちるのを見て万有引力を発見したニュートンのように、**少数の事例から一定の法則を見つけたがるもの**だからです。閃きをもとに普遍的な法則にいきつく天才もいるわけですが、大半の場合はうまくはいきません。

では、これをビジネスの場で生かすにはどうすれば良いでしょうか？ 通勤電車で見かける学生たちを見て「最近の若者は〜」と結論づけたり、豪雨のニュースを目にして「最近の異常気象は〜」とすぐに結論づけてしまうのをやめることです。特に学者や有識者、経営者やマネジメント層など、自らの発言が影響を与える立場にある人は避けるべきです。その上で、気になったことは仮説として設定し、「本当にそうなのか？」を納得できるデータにあたって調べてみることをおすすめします。

保有効果

endowment effect

人は今持っているモノを手放したくはない

愛着が事業売却などの
重要な意思決定を
鈍らせているかもしれない。
そのことは理解しておこう。

「1億円から7000万円返す」はイヤ

「保有効果」とは、今持っているモノや、今いる環境を手放すことに強い抵抗を感じる心理効果のことです。例えば、「3000万円もらう」と「1億円もらってから7000万円持っていかれる」は、数字上は「プラス3000万円」で同じですよね？　けれども、前者の場合は「3000万円もらえる」というプラス感情が生まれるのに対し、後者は「7000万円も持っていかれるなんて！」というマイナス感情が発生するのです。

保有効果は、所有物に対して愛着が湧くことでも生じます。これは**「交換価値と使用価値のズレ」**と呼ばれています。交換価値とは、市場で取引される際の価値のことです。それに対して使用価値とは、「本人にとってどれくらいの価値があるのか？」を意味しています。自分の愛車をネットで査定したら100万円だった。でも、「この車に長く乗ってきた自分にとっては300万円の価値がある」という場合、200万円のズレが生じているわけです。

幸せに生きる上で非常に重要なものだが……

このズレは、企業においても生じます。例えば、事業売却の検討。ある事業の価値算定をしたところ、5000万円だと言われたが、「何年もかけてやっとここまで成長した事業が、たったの5000万円なわけがないだろう」と憤慨してしまった……これは「保有効果」が働いている典型的なケースです。

私たちが幸せに生きる上では、「保有効果」は非常に重要なものです。例えば趣味などは「他の人にはわかってもらえないけれど、自分だけにはわかる」という世界であり、趣味の充実度が人生の幸福度を左右します。

ただ、ビジネスに関しては、その愛着がときとして意思決定を鈍らせているかもしれません。そのことは理解しておいた方が良いでしょう。

正常性バイアス

Normalcy bias

危険な状態でも平常どおり行動しようとする心理

普段から社員全員が
「マインドフルネス」の状態で
仕事をする環境を整え、
いざというときに備えよう。

災害時などにはマイナスに働く

「正常性バイアス」とは、危険な状態にあっても、平常どおりの心理で平常どおりに行動してしまう心理のことを指します。

「正常性バイアス」は、何か異常なことが起こったときに**「大したことじゃない」と自分を落ち着かせようとする「心のバリア」のようなもの**なのです。起こっていることの内容が異常すぎるので、パニック状態に陥らないよう、脳が情報の収集を中断し、自分事にし過ぎないようにしているのです。

災害時などには「正常性バイアス」がマイナスに働き、判断を鈍らせたり誤らせたりし、避難行動や対策行動を遅らせる原因となりかねません。

「マインドフルネス」が重要になる

では、火災、爆発、事故などの深刻な問題が起きたら、私たちはどうすれば良いのでしょうか？　その際には、「マインドフルネス」が重要になると言われています。「マインドフルネス」と聞くと「ああ、瞑想のことですね」と勘違いする人がいるかもしれませんが、そうではありません。「注意深い」「意識が活性化している」「心が開いている」といった意味を表す心理学用語です。そのための数多くある方法の1つが瞑想なのですが、世間では「マインドフルネス＝瞑想」と誤解されてしまったのです。

「マインドフルネス」の状態であると、人は危険察知能力が働き、**「何が起こっているのか？　何が原因か？　どのような対策をとるべきか？」といったことを、俯瞰的かつ冷静に考えられる**ようになります。

「マインドフルネス」とは、つまりは雑念を捨てて目の前の仕事に集中することです。いざというときに突然出来るものではなく、思考停止で漫然とできる作業を見直したり、集中力が途切れる前に適度な休憩を入れたりしながら、普段から社員全員が常時その状態で仕事できるようにすべきです。

リスク回避的

risk-off

「確率50%で200万円」より「絶対にもらえる100万円」

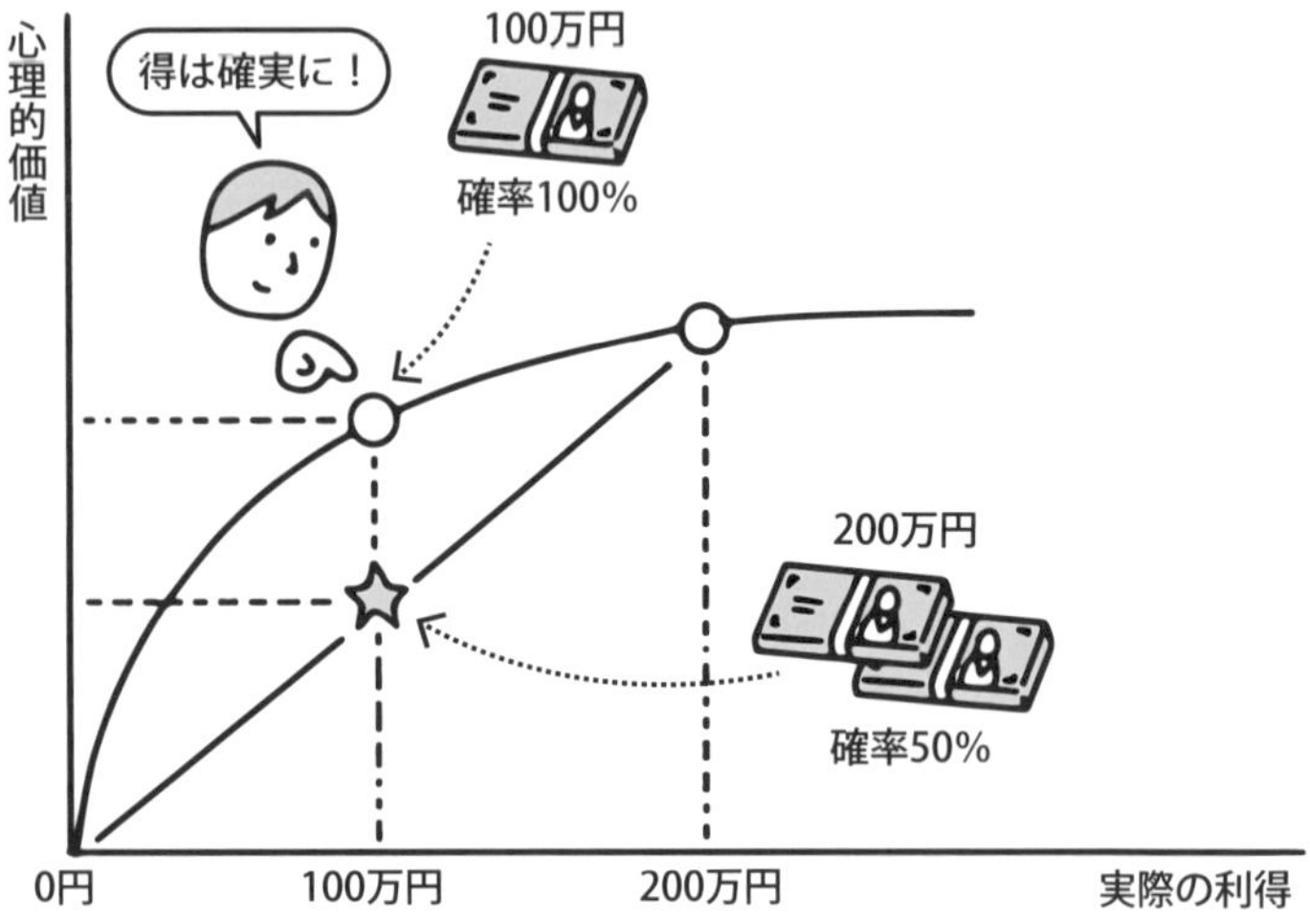

「今なら」という相手側からのオファーは、もしかしたらあなたの「利確」を早めようとする戦略かもしれない。

「得は確実に取りたい」という心理

「リスク回避的」とは、同じリターンを獲得するのに受け入れるリスクを小さくしたいと考える選好のことです。個人差はあるものの、一般論として人は利益に対してはリスク回避的になる傾向があることが知られています。「A：絶対に100万円もらえる　B：50％の確率で200万円もらえる（外れたらゼロ円）　どちらを選ぶ？」と聞くと、大半の人はAを選択します。取りこぼしたときのダメージを考え、「得は確実に取りたい」という心理が働くからです。

これは、P182の図で説明が可能です。実際の利得に対して、心理的価値はカーブを描いていて100万円の心理的価値は高いのに対して、200万円の心理的価値は100万円とそれほど大きな差がありません。それを踏まえた上で**「200万円か？　ゼロ円か？」の心理的価値を座標上に落とすと★になります**。「絶対に100万円もらえる」よりも心理的価値が低いことがわかりますよね？

だから「利確」を早めたくなる

「リスク回避的」な心理により、株式投資では「投資家の利確が早くなる」と言われています。「利確」とは「利益確定」の略。株の利益は持っている時点では見込みにすぎず、売却した時点で初めて確定します。もう少し待てばさらに株価は上がったのに、「早く利確したい」という思いが急いて、早々に売ってしまった……ということが株の世界ではよく起こるのです。

事業売却や契約締結においても同じことが言えます。「今ならここまで出せます」「今ならキャッシュで払えます」といった相手側からのオファーは、もしかしたらあなたの「利確」を早めようとする戦略かもしれません。冷静に判断してみましょう。

74「サンクコスト効果」（P174参照）や76「保有効果」（P178参照）は手放せない人への戒め、この「リスク回避的」は持ち続けられない人への戒めです。

リスク志向的

risk on

人は、損を取り戻すために ギャンブルに走ろうとする

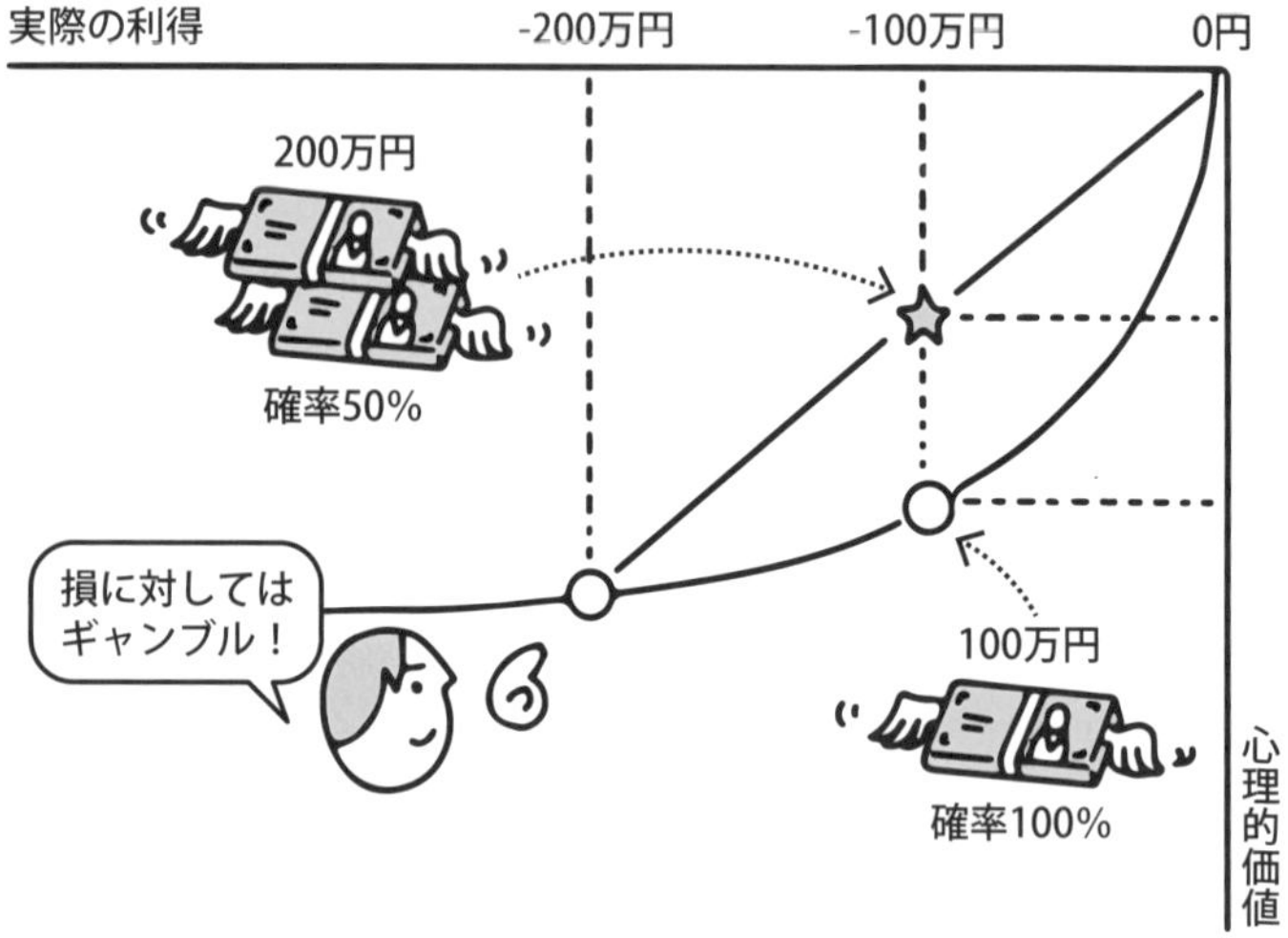

本業がうまくいっておらず、
新規事業にありったけの
資金を投資する……などに走らず、
冷静な判断で意思決定を。

「得は確実に」VS「損はギャンブル」

同じリターンを獲得するのに受け入れるリスクを小さくしたいと考える心理傾向を78「リスク回避的」(P182参照)と呼びます。それに対して、大きなリスクを受け入れる方が良いと考える心理傾向を「リスク志向的」と呼びます。

「リスク回避的」のことを「得は確実に」と表現しましたが、**人間とは非常に面白いもので、「損はギャンブルをする」傾向があるのです。**「A：絶対に100万円損する　B：50％の確率で200万円損する(50％の確率で損はゼロ)　どちらを選ぶ?」と聞くと、人は勝負に出たがります。なんとここでBを選ぶ人が大半なのです。

ここでも、P184の図で説明ができてしまいます。実際の損失に対して、心理的価値は逆カーブを描いています。その結果、「マイナス200万円か?　ゼロ円か?」の心理的価値(★印)は「絶対に100万円損する」よりも心理的価値が高い(＝損したという気分にならない)のです。

人は「利確」を急ぎ、「損切り」が出来ない

その結果、何が起こるのでしょうか?　まず、株式投資の世界では「利確は急ぐのに、損切りは出来ない」という現象が起こります。「今は大きく損をしているけれど、もう少し待ったら株価は戻ってくるのでは?」と考えて、**下落した株を持ち続けてしまう**のです。

さらにその先では、**損失を取り返すためにギャンブルに出よう**とします。競馬場やパチンコ店で、なけなしのお金を全額投入して、大逆転の夢を見ようとする人がいますよね?　あれは典型例です。

このような「リスク志向的」な行動は、企業においても見られます。本業がうまくいっておらず、新規事業にありったけの資金を投資する……といった行為です。「リスク回避的」にも「リスク志向的」にも偏らず、冷静な判断で意思決定をしたいですね。

確率加重関数

probability weighting function

当たらないときほど期待し、大丈夫なときほど心配する

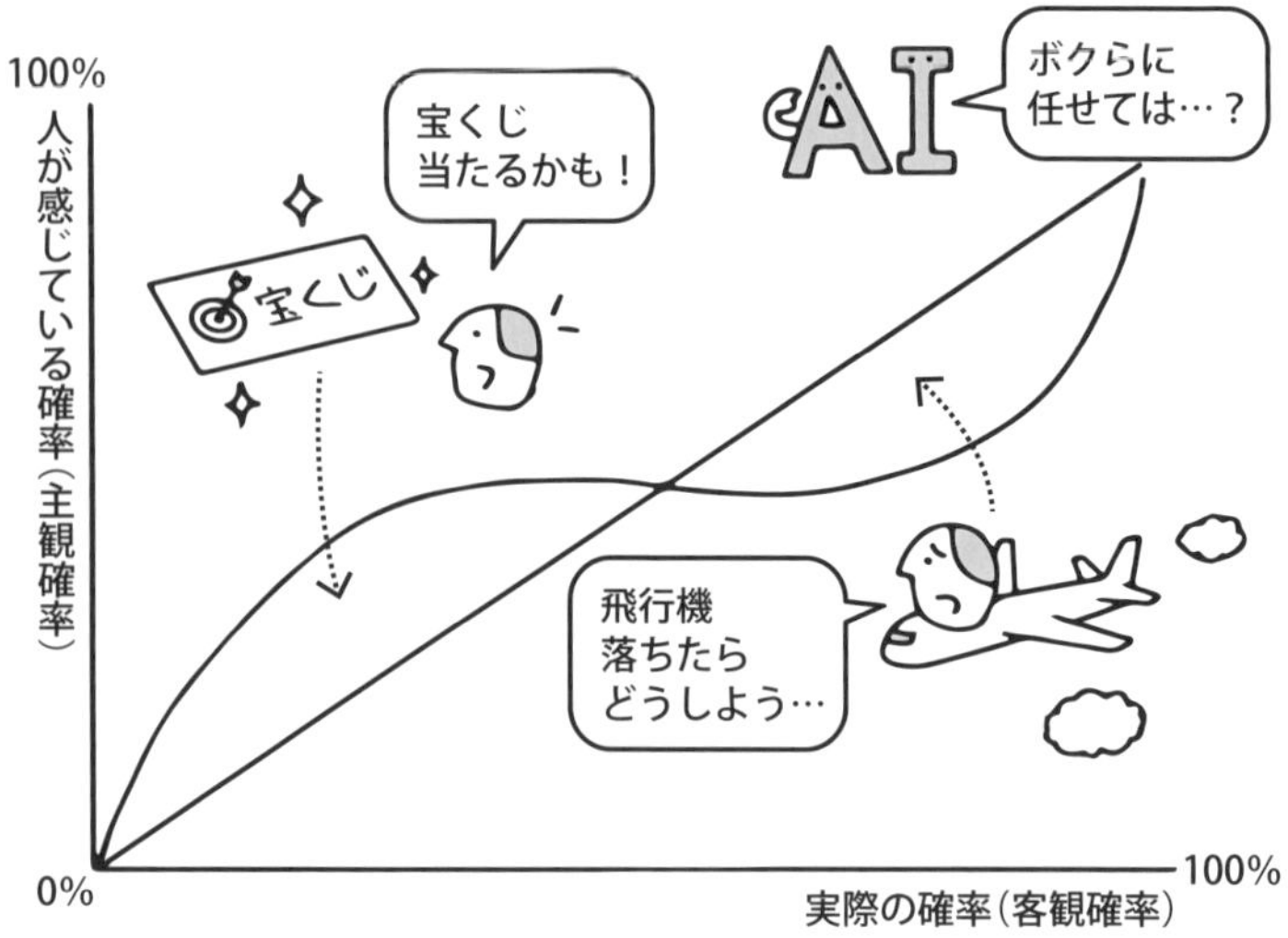

AIの導入は、
リスクマネジメントの世界で必須。
あなたのビジネスでも
ぜひ検討してみよう。

実際の確率評価とズレが生じる

「確率加重関数」とは、ダニエル・カーネマン氏とエイモス・トベルスキー氏が28「プロスペクト理論」（P78参照）の中で提唱しています。客観的確率が低いときには過大評価をし、客観的確率が高いときには過小評価するという傾向のことで、実際の確率評価とはズレてくるというところがポイントです。

P186の図を見てください。S字状の線が確率加重関数です。「実際にこんなことが起こる確率はわずか1％です」と言われたときに、私たち人間の心理は「10に1つくらい」つまり「10％くらいは起こるんじゃないか？」と過大評価して臨みます。一方で、「99％大丈夫です」と言われたときには「残り1％」の方を重く見て、「ほとんど大丈夫だけれど、1％の失敗が怖い」という心理が働くわけです。

このような傾向は、「宝くじ」と「飛行機」で顕著に表れます。まず、「客観的確率が低いときには過大評価する」の典型例が「宝くじ」です。ジャンボ宝くじで1等が当たる確率は1000万分の1です。にもかかわらず、多くの人が「なんだか当たりそうな気がする」と信じて購入しています。

人間の思い入れ・思い込みが判断を鈍らせる

一方、「客観的確率が高いときには過小評価する」の代表例は「飛行機」です。日本の飛行機の事故率は0・0009％で、「438年間毎日搭乗して1度の確率」にあたるそうです。にもかかわらず、飛行機に乗るたびに「落ちたらどうしよう」と心配している人がいます。

では、ビジネスに活かすにはどうすればいいのでしょうか？　現在、最も有効な手段の1つと考えられているのは**「人間ではなくAＩに判断させること」**。投資活動においてAＩを導入すれば、冷静な判断が下せます。また、ビジネスチャンスの検討も思いだけで突っ走ったり、逆に、十分な勝算があるのに臆して決断できなかったり……といったことが防げます。

心理的資本

Psychological Capital

「心の充実ぶり」が働く上で大きな資本となる

〈心理資本の構成要素:HERO〉

Hope
希望:将来に対する明るい見通し

Efficacy
自己能力感:根拠のある自信

Resilience
レジリエンス:困難に立ち向かえる心、苦しい状態を乗り越えるしなやかな心

Optimism
楽観性:なんとかなるさという、根拠のない自信

「人的資本」、「関係資本」、
そして「心理的資本」。
3つの観点で職場を選ぶと、
健康的に楽しく充実して働ける。

「HERO」の4つの構成要素

「心理的資本」とは、働く人が仕事に対して前向きな感情を持って取り組んだり、困難を乗り越えたりするための心の力のことを指します。4つの構成要素は、その頭文字をとって「HERO」と呼ばれます（P188参照）。

かつて経済学では、「人」は量的単位でしかなく、「1人が10人に増えれば成果は10倍になる」という考え方をされてきました。1960年代に入り、「同じ『1人』であっても、その人が何が出来るかによって成果は大きく異なる」として、「人的資本」が注目されるようになりました。1980年代になると、人に関する第2の資本として「関係資本」という概念が誕生しました。「個人がどれだけ出来るか？」に加えて社会的人脈が重要で『誰と協働できるのか？』が成果を左右する」ということになったわけです。2010年代頃から、「何が出来るか？」「誰と出来るか？」「誰と働けるか？」も大事だが、加えて**「その人がどれくらい精神的に充実して働けるか？」も非常に重要**ではないかと考えられるようになりました。これが、人に関する第3の資本と呼ばれる「心理的資本」の概念です。

3つの資本が成長できる職場か？

「安定した就職先」という言葉から、地方公共団体や大企業を思い浮かべる人もいるかもしれませんが、これは論理的にはおかしいです。「組織が潰れないこと＝安定していること」ではなく、**現代はもはや「個人が潰れないこと＝安定していること」だから**です。

いかにお金をもらったとしても、メンタルをやられては元も子もありません。ですから、企業は社員が健全なメンタルのもとで仕事やスキルアップに前向きに取り組める環境を用意していく必要があります。また、個人は「人的資本」「関係資本」「心理的資本」の3つが成長できる職場かどうかという観点で就職先を選ぶと、健康的に楽しく充実した仕事ができると思います。

チャレンジストレッサー

challenge stressor

ストレスを義務と捉える?
それとも使命と捉える?

<チャレンジストレッサー>

・仲間と一緒に背負っている

・うまくいかなくても
仲間が助けてくれる

<ヒンドランスストレッサー>

・自分が何とかしなきゃ

・自分が失敗したら
チームが負けてしまう

**ストレスを上手に背負えるように
なるためのポイントは、
「仲間を頼れるかどうか?」。
助け合い、高め合える人間関係が重要。**

どんな仕事でも必ずストレスがかかる

同じようにかかっているストレスを、力に変えられる人と変えられない人がいます。ある人は、極限の舞台でのストレスを「こういう場に立てるのは自分だけなんだ」と前向きに捉え、力にできます。一方、「自分がやらねば仲間に迷惑をかける」といったネガティブな感情でストレスを背負ってしまう人もいます。

近年の教育学やキャリア論では、「仕事というのは必ず何かしらの責任を背負わされ、ストレスがかかるものだ」という基本見解の下、**キャリア開発におけるカギは「ストレスの上手な背負い方を上手にマスターすること」と考えられています。**ストレスを上手に背負うために知っておきたいのが「チャレンジストレッサー」という概念です。対義語の「ヒンドランスストレッサー」と併せて解説していきます。

「仲間を頼れるか?」が重要なポイント

「ストレッサー」はストレスの要因のこと。「チャレンジ」は挑戦、「ヒンドランス」は障害・妨害という意味です。「チャレンジストレッサー」は、使命感、挑戦心、充実感でストレスを捉え、背負うこと。一方で、「ヒンドランスストレッサー」は、義務感、やらされ感、緊張感でストレスを捉え、背負うことです。ストレスを「チャレンジストレッサー」として捉え、背負えるようになるための1つのポイントは「仲間を頼れるか?」だと言われています。今日における仕事のほとんどは、1人で完結できるレベルの質量ではありません。にもかかわらず、1人で背負い込もうとすると、自責にし過ぎてしまいます。**「仲間と一緒に背負っているんだ。自分がうまくいかなくても仲間が助けてくれるんだ」**と思えると、「その中で自分もベストを尽くそう」と思え、実際にベストパフォーマンスが出せるのです。

普段から助け合える人間関係を築き、お互いを高め合うコミュニケーションを大切にしたいですね。

フロー

flow

時間を忘れるほど没頭し、集中した状態は自ら創れる

あなたにも必ず「フロー」に
入れる条件があるはず。
この機会にぜひ調べてみて、
それを再現してみよう。

1日のうちの結構な時間で「フロー」になっている

「フロー」とは、時間を忘れるほどある活動に完全に没頭し、集中し、その活動から充実感や満足感が得られるような状態を指しています。ポジティブ心理学の父と呼ばれるチクセントミハイ氏によって提唱された概念です。この「フロー」のことを、スポーツ心理学の分野では「ゾーン」と呼んでいます。サッカー選手などは、相手と味方の位置関係、ゲーム展開などをコンマ何秒の短い時間で瞬時に把握し、その中で世界をあっと言わせるようなスーパープレーを見せてくれますよね？　これこそまさに「フロー」あるいは「ゾーン」と呼ばれる状態です。

ただ、こんなふうに書くと、『フロー』ってプロ選手とか一部の選ばれし人だけが味わえるものですよね？」と思う人もいるかもしれませんね。しかし、**実際は誰もが1日のうちで結構味わっている**のです。実際、自分の1日を振り返ってみると、あなたも必ずどこかで「フロー」を味わっています。例えば、「お客様への提案書を作成していた。30分ほど続けていたら、スラスラと書けるようになった」……それが「フロー」です。

自分が「フロー」に入る条件をチェック

ただ、そう聞いても『フロー』って自分でそうなりたいと思ったらなれるものなの？」と疑問に思う人もいるかもしれません。ところが、**近年の研究では「なれる」という見解になってきている**のです。どうすればいいのか？　「自分が『フロー』になったときの条件」を調べてみて、その条件を再現してみるのです。

私の場合であれば、自分が講義や講演で「フロー」に入る条件は「図や表、ポイントだけを用意しておき、原稿は用意しないこと」。当日、図や表、ポイントを見ながらしゃべり出すことで「フロー」に入れるのです。

あなたにも必ず「フロー」に入れる条件があるはずです。この機会にぜひ調べて、再現してみてください。

リフレクション

reflection

過去への「反省」ではなく未来に向けて「省察《せいさつ》」する

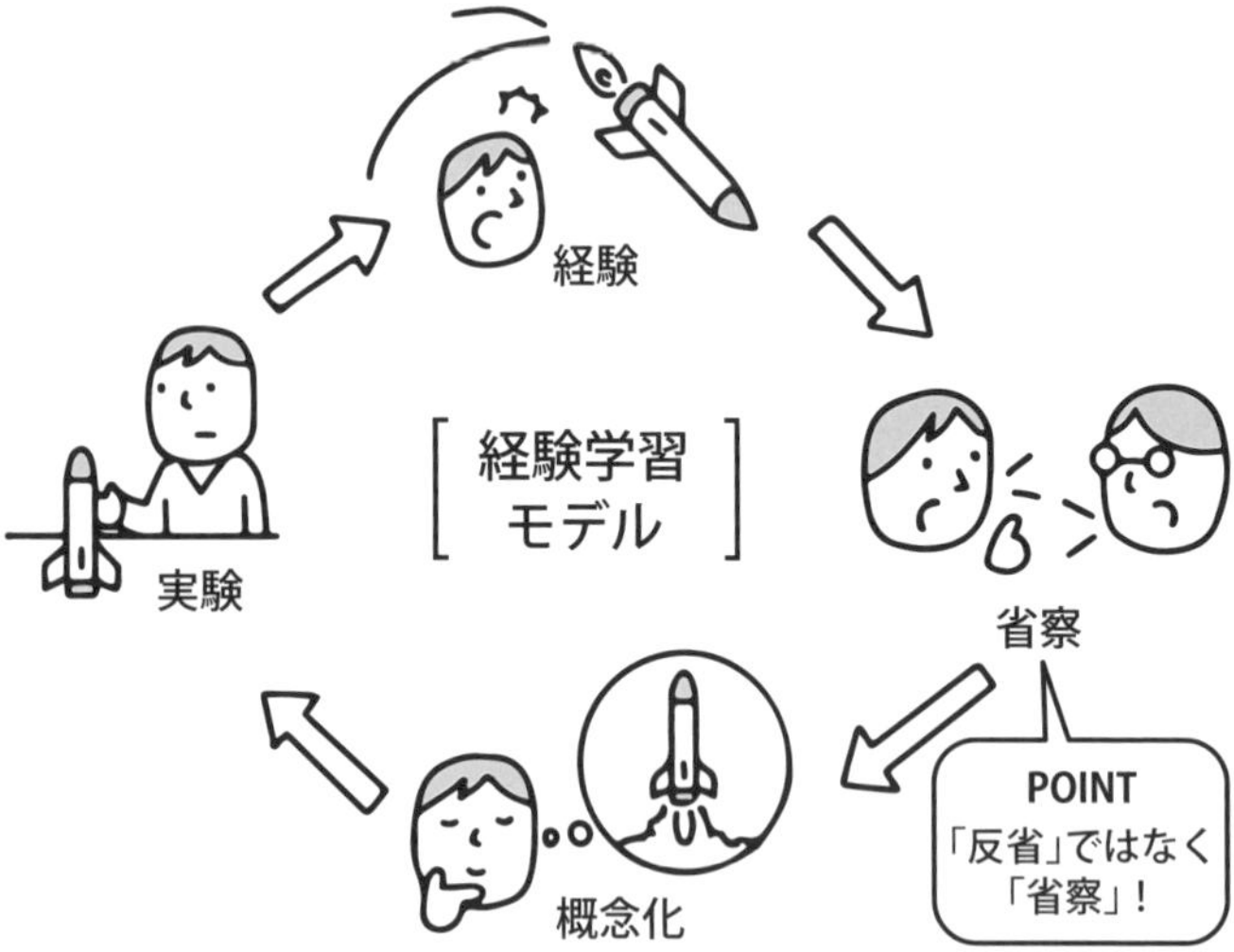

自分自身を成長させたければ、
経験学習モデルに従って
「省察」の習慣を仕組み化し、
仮説検証するようにしよう。

経験を通じて、ほとんどの学びを得る

ビジネスリーダーへの調査によって、仕事での学びの割合は、「実際の業務から学ぶ」が7割、「先輩など他人から教えてもらう」が2割、「研修や書籍など職場外で学ぶ」が1割という割合だったことが明らかになっています。ビジネスリーダーは実際の業務、つまり「自分でやってみた」という経験を通じて、ほとんどの学びを得ているわけです。では、どのようなサイクルで行うと、学びの質が深くなり、学習効果が向上するのでしょうか？　その答えの1つがアメリカの教育理論家デイヴィッド・アレン・コルブ氏の提唱した**「経験学習モデル」**（P194の図参照）と呼ばれるもので、そのモデルにおける最大のポイントが「リフレクション」なのです。

省察を促す環境や仕組みを整えると良い

「リフレクション」と聞いて、「ああ、反省のことですね」と思ってしまう人もいるかもしれませんが、日本語では「省察」と訳します。「反省」は、「なぜこうなったんだ？」と過去に向かって「原因究明」をする行為です。それに対して「省察」では、「反省」はしません。「このようなことが起きた」「こういう結果が出た」と**成功も失敗も冷静に洗い出して事実を整理し、未来のゴールに近づくために改善点を洗い出し、「目的追求」**する行為です。

自分自身を成長させたければ、経験学習モデルに従って仮説検証するようにしましょう。経験しっぱなしで終わらせていては成長できません。そして、過去に向けての反省ではなく、未来に向けて省察するようにしましょう。

一方、企業側は、省察を促すような環境や仕組みを整えると良いでしょう。例えば、上司が部下に対して定期的に「そのプロジェクトをゴールにより近づけるためにどんな行動をとると良さそう？」と尋ねるようにするだけで、十分に効果が期待できるはずです。

エビングハウスの忘却曲線

Ebbinghaus forgetting curve

せっかく一生懸命学んでも 1日経てば66%忘れている

〈エビングハウスの忘却曲線〉

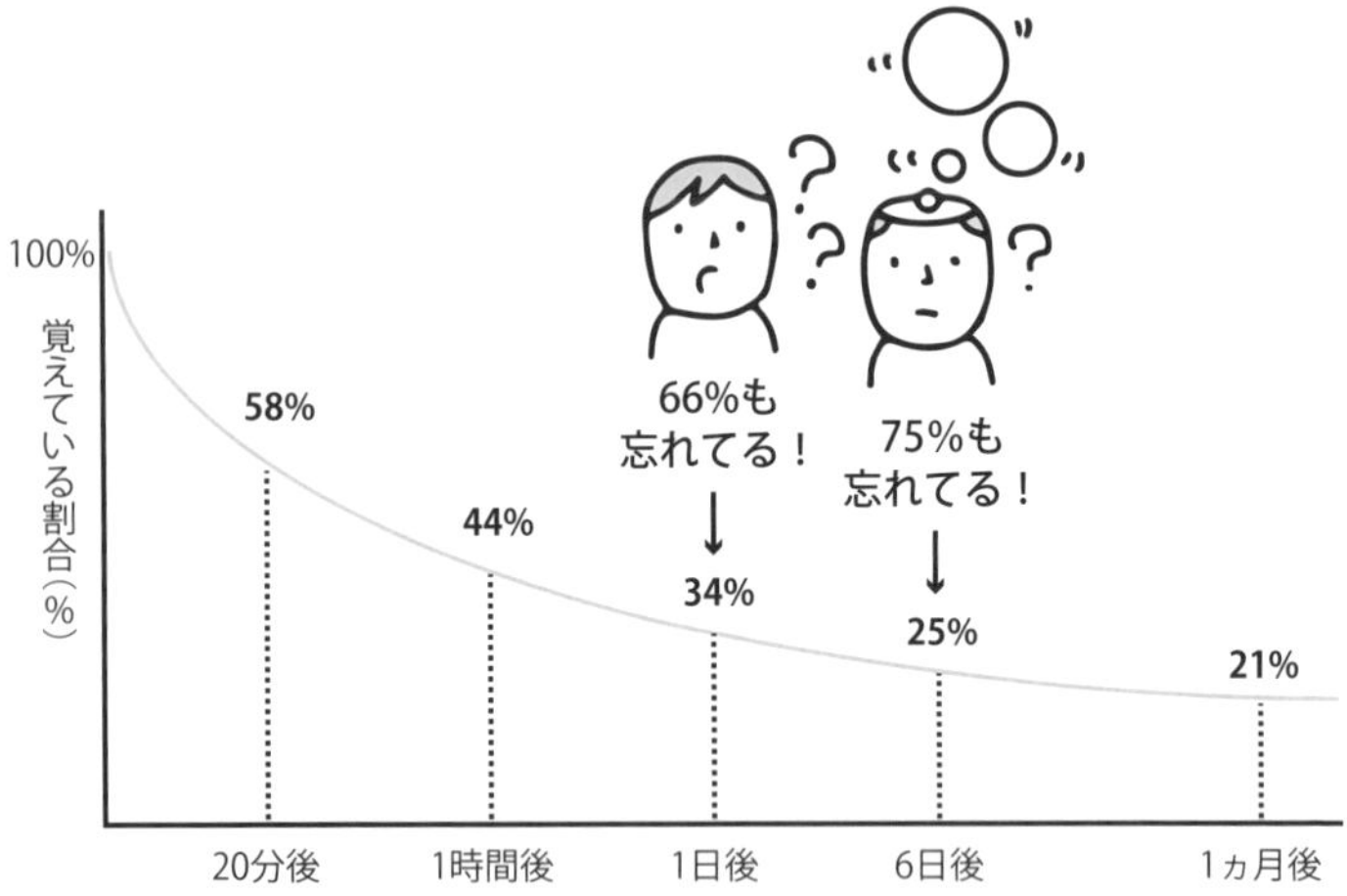

「Memory: A contribution to experimental psychology」Ebbinghaus, H, New York: Dover, 1885 より作成

チャンク化、その日のうちの振り返り、反復練習の頻度とタイミング、喜怒哀楽の感情との紐付けで、学びを定着させよう。

恐ろしいほどのスピードで忘れていく

ドイツの心理学者ヘルマン・エビングハウス氏は、「人は記憶したことをどのくらいのスピードで忘れていくか？（もう一度覚えるのにどれだけの労力を必要とするか？）」の実験を行い、グラフ化しました。それがP196の図です。この実験によれば、人は、

●1日経つと66％忘れる

●6日後には75％忘れる

という結果が出ています。

人は、感覚記憶、短期記憶、長期記憶という3つのフレームで情報を記憶しています。短期記憶に残る情報はどんなに頑張っても7±2個程度（13「マジカルナンバー」P48参照）で、長期記憶にとどまる情報はここからさらに厳選されていきます。

学びを定着させるためのポイントは4つ

では、「忘れる動物」である我々人間が学習したことを記憶として定着させるにはどうすれば良いのでしょうか？

ポイントは4つです。

1つめは、**「チャンク化」**です。「チャンク（Chunk）」は「大きな塊」という意味で、「たくさんの情報をひと塊にして覚えればいいよね」ということです。有名なのは電話番号の設計で「090－○○○○－×××× 」と11桁の数字を3つのチャンクにすることで、人々が覚えやすくなっているのです。

2つめは、**「その日のうちの振り返り」**です。忘却はたった1日で激烈に進みます。日記を書く、メモを見返すなどの行為で記憶を定着させましょう。

3つめは、**「反復練習の頻度とタイミング」**です。「まず翌日、次に1週間後、さらに1ヵ月後」の計3回復習をすると記憶の定着に良いと言われています。

4つめは、**「喜怒哀楽の感情との紐付け」**です。例えば「歴史上の人物に感情移入しながら覚える」などがオススメ。何よりも楽しみながら学ぶことが重要です。

ダブルループ学習

Double Loop Learning

「そもそも」の前提から疑い、改善していく学習スタイル

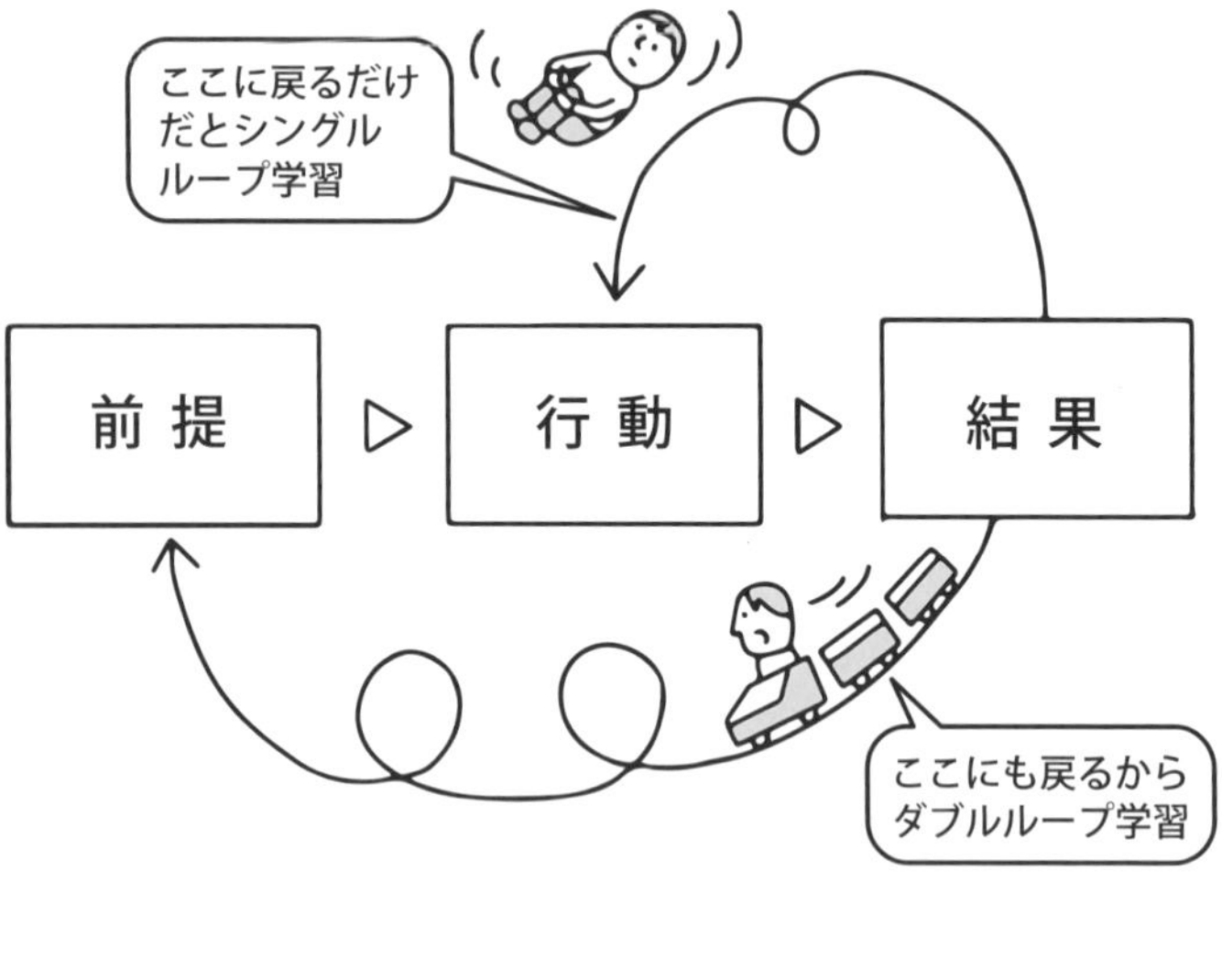

仕事においても個人の人生においても
有効活用できる。
「劇的な変化を何度創出できるか?」
それが人生を豊かにするコツ。

「行動」だけ変えても「結果」が出ないことがある

「ダブルループ学習」とは、ある問題の前提条件そのものを疑い、常に軌道修正しながら学習成果を高めていく手法のことです。P198の図を見てください。「シングルループ学習」のループが「行動」と「結果」の間でのループなのに対し、「ダブルループ学習」ではさらに「前提」と「結果」との間でもループが起こっています。

「シングルループ学習」では、得られた「結果」をもとに「行動」を改善していきますが、あくまでも「前提は正しい」という考え方が根柢にあるわけです。例えば、「営業の成果が出ないのは、営業のしかた(=行動)が良くないからだ。対面型だった営業手段を変えてオンライン型に変えよう」という発想です。

ところが、「ダブルループ学習」では、**「前提が間違っているんじゃないか?」という考え方が出来るようになります。**「アプローチしているお客様が間違っているんじゃないか?」「商材が間違っているんじゃないか?」といった形で、「そもそも」の前提部分に疑問を抱き、改善していけるようになるのです。

観察し、考え、想像する

「ダブルループ学習」は、事実上の「アンラーニング」だと言われています。「アンラーニング」とは、これまで自分自身が培ってきた常識を捨て去って、白紙の状態から学び直すスタイルです。

「ダブルループ学習」や「アンラーニング」は、仕事だけでなく、個人の人生でも有効活用できます。「そもそも」に疑問を抱いていくわけですから、結果として、**あなたの働く環境や働く場所が変わることもありますし、あなたのライフスタイルが以前とまったく違ったものになる**かもしれません。

そのような劇的な変化を、自らの人生の中で何度創出できるか? それが人生を豊かにするコツと言えそうです。

ピア効果

peer effect

1人で学ぶより、仲間と切磋琢磨した方が伸びる

難しいビジネス書は
10人で読めば1人 1/10！ → その後、
勉強会

1人で学ぶのは難しい。
あなたの学びの質やスピードを
向上させたいのであれば、
「良き仲間と学ぶ」に尽きる。

「集団教育の効用」を実感する心理効果

「ピア効果」とは、目的の近い者同士が切磋琢磨することで、お互いを高め合う心理効果のことです。例えば、**「自分1人では頑張れなかったのに。仲間と一緒だから頑張れた」とか「以前はそこまで目指そうと思っていなかったのに、仲間と一緒に学ぶ中で『もっと高い目標を目指そう』と思えるようになった」**といったことが起こるのです。もともとは教育分野で注目されてきた心理効果で、現在では人材育成や生産性の向上を目的にビジネスの現場でも活用されています。

この「ピア効果」から学べること。それは、集団教育の効用です。「1人で学ぶのは難しい。仲間とやる方が伸びる」ということ、「個人の学びの質やスピードを向上させたいのであれば『良き仲間と学ぶ』に尽きる」ということが言えます。1人で筋トレを続けるよりも、「シェイプアップしたい」という意思を持った人たちが集まるジムに入会し、その人たちと仲間になった方が、大きな効果を期待できます。

難しいビジネス本は仲間と分担して読み込む

「ピア効果」は、仕事関連でも大いに活用できます。例えば、専門性の高い数百ページのビジネス書があり、「自分1人で読んでも、最初の数ページで挫折してしまいそう」と思ったとします。そんなときは「読書会」と銘打ち、仲間を集めます。10人集まったとしたら、1人が読むべきページ数は10分の1で済みます。自分の担当ページだけを読み、要約をして、他のメンバーに内容をシェアするのです。そのシェアをもとに意見交換を行うと、**1人で読むよりもはるかに学びの質が深まる**はずです。

高い「ピア効果」を得るには、**目的意識が高い仲間を集めること、周囲にネガティブな感情をまき散らす人を加えないこと**が重要です。あなたもぜひ切磋琢磨し合える仲間を募って、学びの質を高めてみてください。

ゲーミフィケーション

Gamification

ゲーム以外の物事を、ゲームのように楽しくやる

ありがとう
ございます！
このプロセスは
うまくできたね
次回はこうやると
いいね！
ゲーミフィケーションの1つ
フィードバック

●次の目標が明らかに！
●自分の成長が「見える化」！

To Do リストの作成や、
上司から部下へのフィードバックも、
学びや仕事を楽しくするための
ゲーミフィケーションの1つ。

やるべき事を書き出し、1つ1つクリア

「ゲーミフィケーション」とは、ゲームデザインの要素やゲームの原則を、例えば仕事などのゲーム以外の物事に応用することを指しています。わかりやすく言えば、「ゲーム以外の物事を、ゲームのように楽しくやること」という意味です。

ゲーム、特にロールプレイングゲームなどは、やっていてすごく楽しいですよね？　なぜか？　**それは「プレイヤーを楽しませる仕掛け」が施されているからです。**ロールプレイングゲームの場合、ストーリー性がある、キャラクターの個性を存分に出せる、目指すべき次の目標が明確になっている、自分の成長具合が「見える化」されている……などの特長があります。

こういった特長を、学びの場、仕事の場に取り入れていけば、学びや仕事が楽しくなっていくわけです。

では、具体的にはどうすればいいのでしょうか？

1人で出来ることとしてのオススメは、**「To Do リスト」**の作成です。やるべき事を書き出し、それを1つ1つクリアしていく行為は、まさにゲームそのものだからです。

ポジティブな評価と改善策を話す

上司と部下とのコミュニケーションにおけるオススメは、**「フィードバック」**です。「ここまで目標どおりに出来たね。このプロセスはうまく出来たね。次回やるときはこういうやり方でやるとさらにうまくやれるね」といったポジティブな評価と改善策を話すことで、部下からすれば、目指すべき次の目標が明確になり、自分の成長具合が「見える化」されます。

ちなみに、私の主宰しているスクールでは、**「講義の最後に出すクイズに10問正解するごとに、ロゴ入り記念品をプレゼント」**という設定をしています。このゲーミフィケーションの要素を入れたことで、講義の参加率は2倍近くに伸びました。みなさんもぜひ取り入れてみてください。

プライミング効果

Priming effect

老人をイメージした後には、動きまで老人のようになる

○○くん
どうしたの?!
おじいさん
みたい…
シミ… しわ…
忘れっぽい…

「ポジティブな暗示」が大切。

たとえ気乗りのしない仕事や勉強でも、

「やりたくないなあ」ではなく、

「まずは少しだけ頑張ってみるか」。

歩行速度が極端に遅くなる

「プライミング効果」とは、事前に与えられた情報によって行動が制約される脳の作用のこと。「プライム」は**「事前に与えられた情報＝脳への事前の暗示」**という意味です。

有名な社会実験の1つが、ジョン・バルフ氏の行った「フロリダ効果実験」です。この実験では、文章作成テストをやると言って大学生を集めました。2グループに分け、一方のグループには普通の単語で作成テストを行い、もう一方のグループには「シミ、しわ、忘れっぽい」など老人をイメージさせる単語で作文をさせました。実験で調べたのは、テスト後の歩行速度です。2つのグループを計測したところ、老人をイメージさせる単語で作文をさせたグループの歩行速度が極端に遅くなることがわかりました。この実験は何度も行われ、再現性が非常に高いことが判明しています。ちなみにフロリダはアメリカ人にとって「老後を過ごす場所」というイメージがあるので、「フロリダ効果実験」と呼ばれています。

日頃何を見て、何を語るかで、大きな差

ここから学べることは「ポジティブな暗示」が大切ということです。日頃何を見て、何を語るかで、大きな差が出ます。マイナス感情になる情報ばかり集め、マイナス感情になる言葉を吐けば、憂鬱な気分になります。ポジティブな感情になる情報をたくさん集め、ポジティブな感情になる言葉を使えば、元気になります。

個人の場合、たとえ気乗りのしない仕事や勉強であっても、「やりたくないなあ」などと言葉にすれば、やる気が落ちるだけ。「まずは少しだけ頑張ってみるか」などの言い換えでとりかかってみましょう。また、**マネジメント側は、「ポジティブな暗示」が与えられる職場環境になっているかを、この機会にチェック**してみることをオススメします。

プラシーボ効果

Placebo effect

偽薬を飲んでも「治る」と思い込んだら治っていく

学びの場、仕事の場で重要なのは、
「うまくなった後の自分、
出来るようになった後の自分」
を明確にイメージすること。

わかりやすく言葉で説明すれば「思い込み」

「プラシーボ」は、本物の薬と見分けがつかないものの、有効成分が入っていない「偽薬」のことです。「プラセボ」と表記することもあります。

「プラシーボ効果」は、**「有効成分が含まれていない薬剤を投与しても症状の改善が見られる」**という現象のことです。わかりやすい言葉で説明すれば「思い込み」です。前出の89「プライミング効果」(P204参照)が「事前に与えられた情報によって行動が変わる」という効果であるのに対し、「プラシーボ効果」は「事前に与えられた情報によって有効成分が含まれていないにもかかわらず自然治癒能力まで高まる」というもので、「プライミング効果」の〝進化形〟のような位置づけです。

イメージすれば身体はそこへ向かって動き出す

「プラシーボ効果」は、「有効成分の効きめで治るはず」と想像できる人だからこそ効くわけですが、これを仕事に活かすにはどうすれば良いでしょうか? **ポイントは「うまくなった後の自分、出来るようになった後の自分」を明確にイメージすることです。**

言語化できたものだけが、人間の行動を促すわけではありません。想像力は、非常にパワフルです。例えばスキルアップを目指しているのなら、自分自身がスキルアップに成功し、生き生きと働いているようす。仕事の成果を追い求めているのなら、その仕事がうまくいって満足感に浸っているようす。これらを思い浮かべてみると、たとえそこに至るまでのプロセスを頭で知らなかったとしても、人間の身体はその状態を実現しようと動き出します。

また、そのものではありませんが、「これを身につけていればうまくいく気がする」「これを毎日続けていれば勝てる気がする」といった願掛けも、「プラシーボ効果」に近いものがあります。学びの場、仕事の場で、ぜひイメージの力を有効活用してみてください。

自己愛と嫉妬

self love and jealousy

「いいね!」を押すたびに心の幸福度は下がっていく

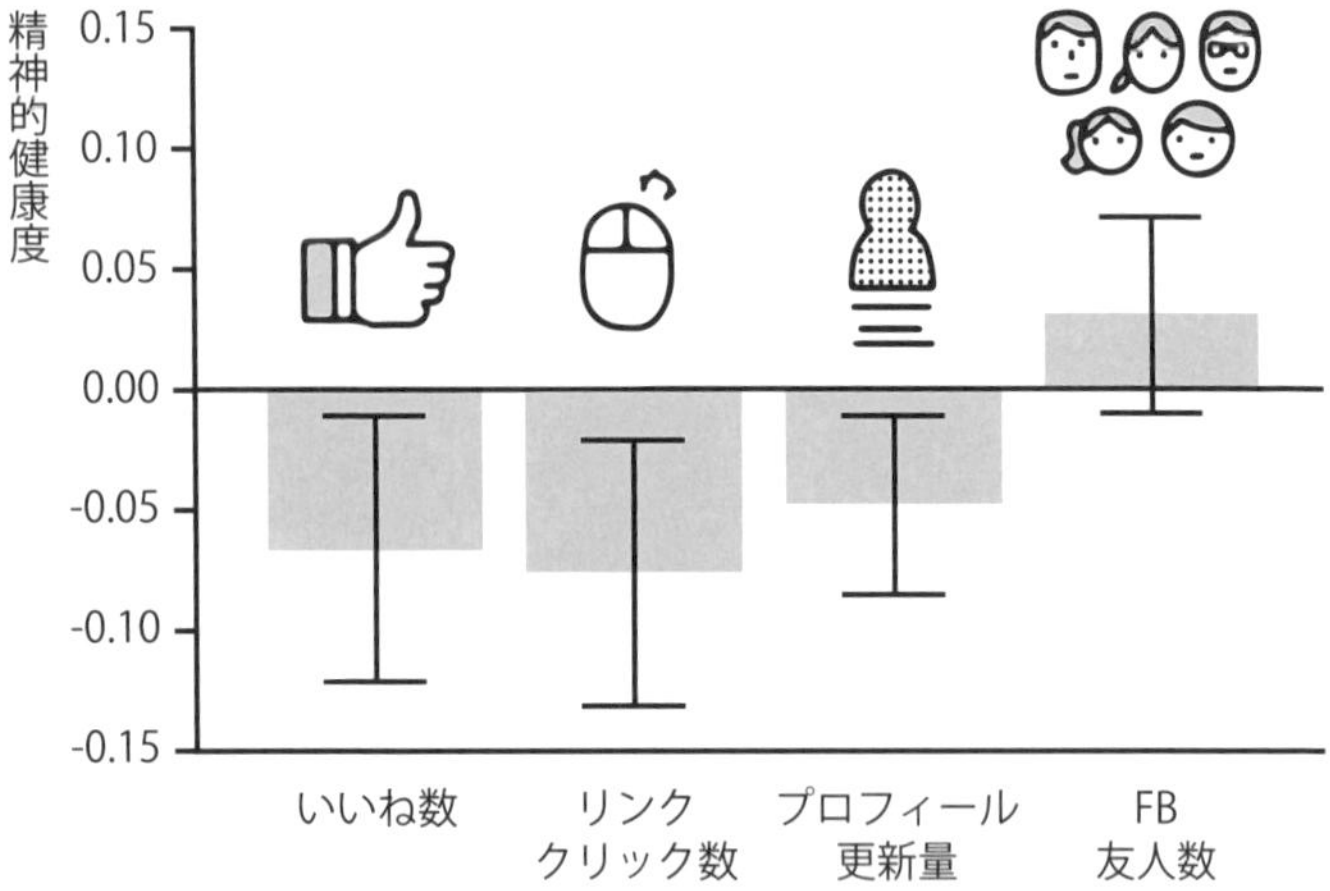

「Association of Facebook Use With Compromised Well-Being: A Longitudinal Study」 H. B. Shakya, N. A. Christakis, American Journal of Epidemiology 2017 Feb 1;185(3):203-211, 2017 より作成

「嫉妬」は、人間の持つ本能。嫉妬心を掻き立てるSNSとの付き合いはほどほどにしないと、精神健康度が悪化してしまう。

「自己愛」が十分に満たされないと……

人間には「自己愛」という機能が働いています。この機能があるがゆえに自殺をせず、破滅的な行為をせず、自己を存続させるための行動をとろうとします。それに対して、自己愛という機能が無い生物種は、自己よりも種の存続を優先した行動をとろうとします。どちらが良い・悪いではなく、生物種によって異なるわけです。

現代人の高度に発達した脳の中には、「自己愛」というものがあるがゆえに**「他人よりも秀でていたい」「他人に対して自分をよく見せたい」**といった感情が生まれます。そして、**そういった感情を十分に満たせないときに、「嫉妬」という、人間固有の感情**が芽生えます。

「いいね！」を押しながら他人に「嫉妬」する

この「自己愛と嫉妬」の観点から注目したいのは、**SNSとの付き合い方**です。なぜなら**SNSは、現代人のウェルビーイング（幸せな生き方）には「百害あって一利無し」ということが明らかになってきたから**です。

P208の図は、SNSの1つであるFacebookが利用者の精神健康度にどのような影響を与えたかを調べた2017年の研究結果です。これによれば、「Facebook利用者は『いいね！』を押すたび、記事にあるリンクをクリックするたび、自らのプロフィールを更新するたびに精神的ダメージを受けている」ということがわかったのです（唯一「FB友人数」（FB上で友人が多い）の項目だけが幸福度を上げてくれています）。端的に言えば、私たちは他人に「いいね！」を押しながら他人に「嫉妬」しているのです。

「自己愛」があり、その健全な作用として「嫉妬」をする我々人間が平穏に生きるポイントは、「あまり人の人生を見過ぎないこと」ではないでしょうか。SNSを見たら、思わず生物種としての本能が働いてしまいます。他人のことは気にしない程度に、SNSとはほどほどの距離で付き合うのがオススメです。

ローカス・オブ・コントロール

locus of control

人生はコントロール可能？
それとも不可能？

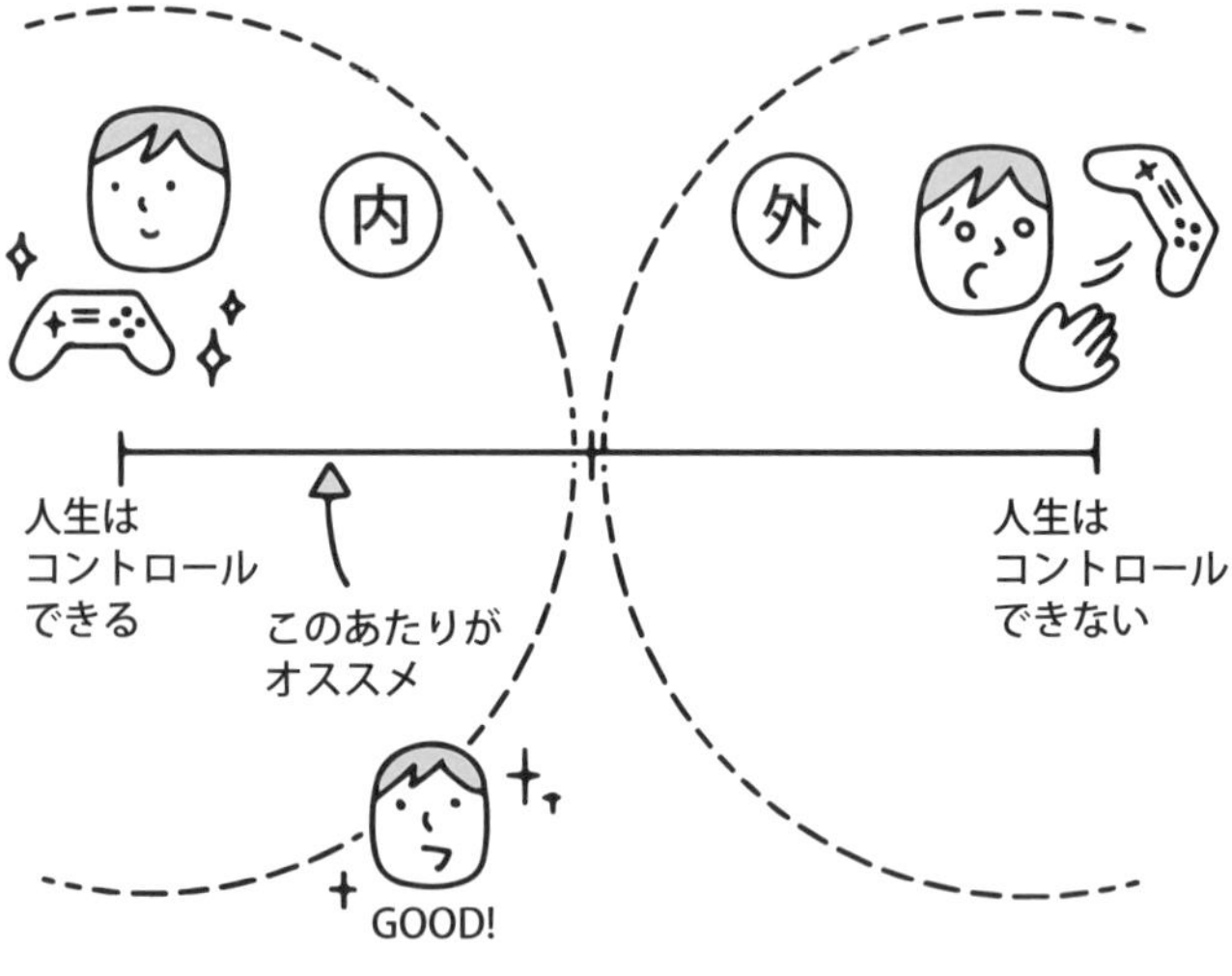

「コントロールできる」と
考える人の方が幸福度は高くなる。
ただし、「できる」が行き過ぎれば
心身がストレスで蝕まれる。

「内」にあると考える人、「外」にあると考える人

「ローカス」はロケーションのことです。「ローカス・オブ・コントロール」とは「コントロールの所在」、つまり**自分が感じるコントロールの度合い**を意味しています。

自分の人生に起きる出来事に対する捉え方は、2種類に大別できます。1つは、「自分の選択や行動の結果としてそうなった」という捉え方で、この捉え方が強い人ほど「自分の人生は自分でコントロールできる（＝コントロールの所在は「内」にある）」という考え方を持っています。もう1つは、「自分以外の何かによってそうなった」という捉え方で、この捉え方が強い人ほど「自分の人生は思うようにコントロールできない（＝コントロールの所在が「外」にある）」という考え方を持っています。

自分にとって最適かつ快適なローカスを探そう

コントロールの所在が「内」にあるか、「外」にあるか。これはウェルビーイングにかなり影響してきます。基本的には「自分の人生は自分でコントロールできる（＝コントロールの所在は「内」にある）」という考えが強い方が、幸福度が高いと言われています。皆さんも想像してみてください。「自分の人生は何かに振り回されてばかりだ」と感じているとき、ウェルビーイングは下がっていますよね？

ただし、「内」が良くて「外」は悪いという単純な決めつけはきわめて危険です。「コントロールの所在は『内』にある」という意識が非常に強いということは、どんなことがあっても「すべて自分が悪いのだ」と自責の念にかられ、心身がストレスに蝕まれてしまう可能性があるからです。

「内」寄りではあるけれども、いちばん端まではいかないあたりで、あなたにとって最適かつ快適なローカスを探してみてください。そのローカスがあなたの幸福度を高めてくれるでしょう。

選択のパラドックス

The Paradox of Choice

選択肢が多いほど
人は不幸を感じやすくなる

あなたはどっち？
なんにもないけど
幸せかも！
なんでもあるぜ！
上を目指すぜ！

「選択肢は少ないが幸福度高め」か、
「選択肢は多いが幸福度低め」か。
自分自身はどちらの世界で
生きていきたいのか考えてみよう。

主観的満足度が高いかどうかで順位が決まる

「幸福度ランキング」と呼ばれるランキングがあります。ＧＤＰ、社会保障、健康寿命、社会的自由度、寛容さ、汚職度、主観的満足度の7つの生活評価に関して、各国のおよそ１０００人が11段階で評価し、ランキングが決定します。２０２３年はフィンランドが1位で、日本は47位。日本よりも上位に、紛争の只中にある国や、経済的には日本よりもはるかに貧しい国もランクインしています。では、なぜそのようなランクになるのか？　実は7つの生活評価のうちの「主観的満足度」でランクがほぼ決まっているからで、日本のランクが低いのは「主観的満足度」がベスト10の国と比べて半分ほどしか無いからです。日本の主観的満足度が低いのは「選択のパラドックス」がかかっているからです。

「選択のパラドックス」とは、「自由主義の現代社会においては、選択肢が多いほど人は不幸を感じやすくなる」という心理作用のこと。２００４年にアメリカの心理学者バリー・シュワルツ氏が著書『The Paradox of Choice』で発表しました。つまり、**そこに自由と可能性があるから人は不幸を感じる**のです。

上の階に自分よりも裕福な人が住んでいれば……

「タワマン低層階の不幸」という話があります。自分自身がタワーマンションを購入できるほど裕福であっても、**上の階に自分よりも明らかに裕福だと思われる人が住んでいれば、不幸**だと感じてしまうのです。

では、ウェルビーイングを高めるために、私たちはどうすれば良いのでしょうか？

まずは「選択肢が少ないけれども幸福を感じやすい社会」と、「数多くの選択に囲まれているが満たされない不幸を感じやすい社会」という2つが存在することを再認識すること。その上で「自分自身はどちらの世界で生きていきたいのか？」を1人ひとりが選び取ることが重要だと思います。

メンタルアカウンティング

Mental Accounting

たとえ貨幣価値は同じでも「心の会計」で見ると違う

映画のチケット（10ドル）
をなくした…

➔ チケットを買い直す人 46%

10ドル札
をなくした…

➔ チケットを買う人 88%

「心が満たされるかどうか」
という観点でお金の
使い方を考えることは、
幸せに生きる上でとても重要。

失った価値は同じ10ドルなのに……

「メンタルアカウンティング」は、文字どおり「心の会計」のことです。**人は〝心の損得〟でお金を使っている**という概念で、2017年にノーベル経済学賞を受賞したシカゴ大学のリチャード・セイラー氏が提唱しました。

セイラー氏が行った、有名な実験があります。

「あなたは映画を見に行こうとして、10ドルの前売りチケットを買った。ところが、劇場に入ろうとして、自分が**チケット**をなくしたことに気付いた。もう一度10ドルを払って映画のチケットを買うか？」と聞いたら、「もう一度買う」と答えた割合は**46%**でした。

これに対して「料金が1人10ドルの映画館に、映画を観に行った。劇場でチケットを買おうとしたとき、あなたは自分が**10ドル紙幣**をなくしたことに気付いた。10ドルを払って映画のチケットを買うか？」と聞いたら、「もう一度買う」と答えた割合は**88%**でした。

失ったものの価値は10ドルでまったく同じなのに、両者に大きな差が出たのです。

娯楽費か、娯楽費に組み込まれる前か？

この結果を踏まえ、セイラー氏は、被験者はお金を「心の会計」で処理していると分析します。10ドルチケットをなくした人は、「心の会計」の娯楽費という勘定科目に10ドルを組み込んで『もう1度買ったら合計20ドル……映画1本20ドルは高いなあ』と思っているのです。これに対し、10ドル紙幣をなくした人は、「心の会計」をする前なので、『10ドル紙幣をなくしてしまった』とは思うものの、映画のチケットを買うことに抵抗を覚えないというわけです。

食費、映画のチケット代、推し活資金……**そもそも私たち人間は、自分たちが幸福に生きるためにお金を使います**。ですから、「自分の心が満たされるかどうか」という観点でお金の使い方を考えることは、幸せに生きる上でとても重要なのです。

アンコンシャス・バイアス

unconscious bias

「無意識の偏見」は
社会の幸福度を低下させる

「もしも自分が逆の立場だったら、
そのような態度を取られて
どう思うか？」と少しだけ想像を
膨らませて考えてみよう。

言葉だけでなく、表情や態度にも出る

「アンコンシャス・バイアス」とは、自分自身では気づいていない物の見方や捉え方の歪みや偏りのことです。これが一般的な定義なのですが、現代社会においては、「女のくせに」「若者の分際で」「いい歳をして」といった、**人間関係、とりわけマイノリティーや弱者に対して無意識に抱く偏った物の見方**に対して使われています。口にする言葉だけでなく、ちょっとした態度、表情、リアクションなどにも現れてきます。

とはいえ、「アンコンシャス・バイアス」は誰もが持っているものです。「体育の先生」は、運動神経が良くて筋肉質。「モデル」は、スタイルも顔も良い。「社長」は、恰幅の良い男性……といった、固定化されたイメージです（71「代表性ヒューリスティック」P168も参照）。大事なのは「我々人間は、誰もがこのような偏った見方をしている」と常に自覚しておくことです。この自覚が薄いと、日常のコミュニケーションの中で、相手を不快にさせてしまったり、相手の権利を侵害してしまうことになりかねません。

いまださまざまなバイアスが存在

ビジネスの現場でも、いまださまざまな「アンコンシャス・バイアス」がはびこっています。「お茶を入れるのは女性社員の仕事」「定時で帰る社員はやる気に欠ける」「若い社員に大きな仕事は任せられない」「お酒の付き合いの悪い社員とは本当に良い仕事は出来ない」などはすべて「アンコンシャス・バイアス」であり、そのように思われている側は、非常に傷ついているはず。**「アンコンシャス・バイアス」は、社会全体のウェルビーイングをいちじるしく低下させるものなのです。**

「もしも自分が逆の立場だったら、そのような態度を取られてどう思うか？」と少しだけ想像を膨らませることで、あなた自身の「アンコンシャス・バイアス」をうまく整理できるようになるはずです。

スポットライト効果

spotlight effect

人は自分のことを映画の主人公のように思いがち

自分が思っているほど他人は
あなたの言動に興味・関心がない。
この事実を前向きに捉え、
気楽に生きていこう。

あなたは自分が主人公だと思っているが……

「スポットライト効果」とは、自分が映画の主人公で、まるで自分にスポットライトが当たっているかのように思い込んでしまう心理現象のことを指しています。

これに対して突きつけられるのは、「残念ながらあなたが思っているほど他人はあなたに注目していませんよ」という事実です。心理学者のトーマス・ギロビッチ氏らが、1999年にアメリカで次のような実験を行いました。被験者は、胸の部分に有名歌手の顔写真が大きくプリントされた〝ダサい〟Tシャツを着ています。そして、数人がアンケート調査に答えている教室へ、ドアをノックしてから入っていきます。しばらくしてから、被験者はアンケートに答えている人たちの前を通って教室から出て行く――というものです。

この実験の本題は、この後にあります。〝ダサい〟Tシャツを着た被験者に「教室でアンケート調査に答えていた人の何%がTシャツに注目したと思う?」と聞いたところ、**平均予想は46%**でした。ところが、教室でアンケート調査に答えていた人に「入ってきた人が〝ダサい〟Tシャツを着ているのに気づいた?」と聞いたところ、**実際に気づいたのはわずか21%**に過ぎませんでした。つまり、被験者は「多くの人(半数近く)に見られている」と思っていたのに、それは自意識過剰で、**実際にはその半分以下**(5人に1人程度)にしか見られていなかったというわけです。

自縄自縛にならないように

「人から注目されている」と思うと、それが自縄自縛になり、自分の行動を制限したり、過去の行動を引きずってしまったりします。けれども、**あなたが思うほどには世間はあなたの言動に関心が無いし、覚えてもいない**ものです。と同時に、「YouTuberになるぞ」と意気込んでも、いきなり再生回数が伸びることもありません。この事実を前向きに捉え、気楽に生きていきましょう。

ミラーニューロン

mirror neuron

「誰かのために生きる」と人は幸せになれる

ウェルビーイングな人生のために、
利己的ではなく利他的、つまり
「誰かを喜ばせたい」という
思いで行動をすることが大切。

自分事のように喜怒哀楽を共感できる

霊長類などの高等動物の脳内には、「自ら行動するとき」でも「他の個体が行動するのを見ているとき」でも、同じように反応している脳の神経細胞があります。これを「ミラーニューロン」と呼びます。

このことから言えるのは、「人間は、たとえ他人がやったことでも、まるで自分がそれをやったかのように喜怒哀楽を共感できる」ということです。生後半年くらいにはすでにこのような機能を備えているようで、1人の赤ちゃんが泣いているのを見て周りの赤ちゃんが全員泣き出すといった現象が見られるのは、「ミラーニューロン」によるものと考えられています。

「ミラーニューロン」の働きによって、私たち人間は他人をおもんぱかることができます。「これをやったら他の人がどう思うか？」と想像し、**他者の痛みを自分事のように感じられる力を備えているからこそ、暴力や罵詈雑言、ゴミのポイ捨てなども、ある程度抑止される**わけです。

〝幸せホルモン〟オキシトシンとの関係

では、このことを踏まえ、どうすれば私たちは幸せになれるのでしょうか？　**「誰かのために生きる」**のです。

「ミラーニューロン」の働きと非常に密接なのが〝幸せホルモン〟と呼ばれるオキシトシンです。目の前にいる他人が幸せだと、「ミラーニューロン」の働きによって自分も幸せになれるからです。例えば、料理。「食べてくれて、喜んでくれる人がいるから、料理を作るのが楽しい」という気持ちになるのは、ミラーニューロンとオキシトシンの働きによるものです。

ウェルビーイングな生き方をしたいと思うのなら、利己的ではなく利他的、つまり「誰かを喜ばせたい」という思いで行動をすることです。その連続が、「ああ、良い人生だったな」と振り返ることの出来る人生にしてくれるのです。

P36のコラム01で紹介した3冊以外にも、ビジネスで行動経済学を使いこなす上でヒントになる書籍はたくさんあります。これを機にぜひ読んでいただきたい書籍および本書執筆における参考書籍をまとめて紹介します。

竹内一郎
『人は見た目が9割』新潮社
人は言語情報に頼っていないというメラビアンの法則を一躍有名にした本。メラビアンの法則のまとめ方として、何よりも見事なタイトルだと言える。そこからスタートして、人とのコミュニケーションの法則性をわかりやすく解説している良書です。

サイモン・シネック
『WHYから始めよ!』日本経済新聞出版
米国の起業家である著者が、今日では何よりも仕事の社会的意義こそが問われていること、そしてその社会的意義をどうデザインすればよいかを説明した本。

ロン・アドナー
『エコシステム・ディスラプション』東洋経済新報社
顧客の体験を総合的にデザインすることが大切であり、そのためには、上手に企業連合「エコシステム」を作る必要があることを論じている。著者は、いま米国で最も注目される経営学者。

第 4 章

フレッド・ルーサンス、キャロライン・ユセフ=モーガン、ブルース・アボリオ『こころの資本』中央経済社
個人のパフォーマンスは、心理状態の充実にある——。このことが明らかになるにつれ、「何ができるか」「誰を知っているか」に並んで、「心の強さ」こそが大切であるとわかる、心理資本概念の提唱者による本。

ジャコモ・リゾラッティ、コラド・シニガリア
『ミラーニューロン』紀伊國屋書店
人と類人猿の決定的な違いは、他の個体の感情を読み取り、共感できることにある……。人類発展の鍵であり、そして、今日私たちが幸福に生きる鍵である「共感」をもたらす神経細胞「ミラーニューロン」について解説した本。

BOOK GUIDE

第 1 章

リチャード・セイラー
『行動経済学の逆襲』早川書房(上下巻)

セイラー教授の半生を記したもの。行動経済学がどう受け入れられていったのか、学問の発展の過程と、一人の研究者の挑戦がユーモアたっぷりに語られます。

第 2 章

ダン・アリエリー『予想どおりに不合理』
『不合理だからうまくいく』早川書房(2冊セット)

行動経済学から導かれる、私たちの不思議な日常の様子を描いたものです。私たちの生活が行動経済学でうまく説明されていく様子がわかると思います。

キャス・サンスティーン
『ナッジで、人を動かす』NTT出版

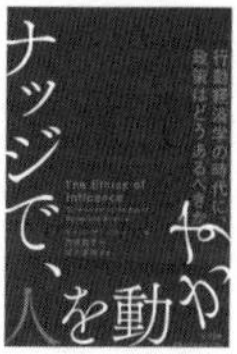

政策の中に、ナッジがどう入れ込まれているかが説明されています。そこにある、倫理の問題にきちんと触れながら、人々にとっての望ましい政府とは何か、そして、望ましい行動経済学の使い方はどういうものか、が語られます。

阿部 誠
『ビジネス教養 行動経済学』新星出版社

マーケティング学者による行動経済学のまとめ。マーケティングへの応用を想定して作られているので、皆さんもそのままヒントにできると思います。

第 3 章

デール・カーネギー『人を動かす』創元社

1936年に執筆された、当時の学問書やインタビュー等の膨大な成果に基づく、人間関係の秘訣が記された本。原題は「How to win friends and influence people」。昭和につけられた邦題「人を動かす」よりも、こちらのほうがピンとくるのでは? 現代科学ではその発見の多くが裏付けられている、90年近く前に出された人間関係の心理学の決定版。

著者
中川功一（なかがわ・こういち）
経営学者／やさしいビジネススクール学長／ YouTuber ／東京大学 経済学博士
1982年生。専門は、経営戦略論、イノベーション・マネジメント、国際経営。「アカデミーの力を社会に」をライフワークに据え、日本のビジネス力の底上げと、学術知による社会課題の解決を目指す。「やさしいビジネススクール」を中心に、YouTube・研修・講演・コンサル・著作等で経営知識の普及に尽力中。
やさしいビジネススクール　https://yasabi.co.jp/

STAFF

本文デザイン	三森健太（JUNGLE）	校　　正	株式会社鷗来堂
本文イラスト	大野文彰	編集協力	高橋淳二（有限会社ジェット）
D　T　P	株式会社センターメディア	編集担当	奥迫了平（ナツメ出版企画株式会社）

本書に関するお問い合わせは、書名・発行日・該当ページを明記の上、下記のいずれかの方法にてお送りください。お電話でのお問い合わせはお受けしておりません。
・ナツメ社webサイトの問い合わせフォーム　https://www.natsume.co.jp/contact
・FAX（03-3291-1305）
・郵送（下記、ナツメ出版企画株式会社宛て）
なお、回答までに日にちをいただく場合があります。正誤のお問い合わせ以外の書籍内容に関する解説・個別の相談は行っておりません。あらかじめご了承ください。

ビジネスで使《つか》いこなす！　みるみる成果《せいか》があがる！
行動経済学大全《こうどうけいざいがくたいぜん》

2024年2月7日　初版発行
2024年7月10日　第2刷発行

著　　者　中川功一《なかがわこういち》
発 行 者　田村正隆
発 行 所　株式会社ナツメ社
東京都千代田区神田神保町1-52　ナツメ社ビル1F（〒101-0051）
電話 03（3291）1257（代表）　FAX 03（3291）5761　振替 00130-1-58661
制　　作　ナツメ出版企画株式会社
東京都千代田区神田神保町1-52　ナツメ社ビル3F（〒101-0051）
電話 03（3295）3921（代表）
印 刷 所　ラン印刷社
ISBN978-4-8163-7485-2
*定価はカバーに表示してあります
*落丁・乱丁本はお取り替えします